日経文庫
NIKKEI BUNKO

心を強くするストレスマネジメント

榎本博明

日本経済新聞出版社

はじめに

ストレスチェックが義務化されたことから、ストレスマネジメントの重要性が認識されつつあります。ただし、多くの人は、そんな制度は経営側が頭を悩ませればよいことであって、自分には関係ないと思っているのではないでしょうか。

でも、そこは認識を改める必要があります。従業員が心の健康を保ち、戦力として機能することは、経営側にとって非常に重要な関心事であることは間違いありませんが、ストレスマネジメントがうまくできるかどうかは、従業員自身にとっても、人生を大きく左右する死活問題でもあるのです。

仕事にストレスはつきもの、ストレスなんて気にしていたら仕事にならない。ついそのように考えがちですが、それはストレスの怖ろしさを知らない危険な発想です。ストレス性の精神疾患や胃潰瘍などの身体疾患に苦しめられている人も、過労死に追い込まれた人も、まさか自分がストレスにやられるなんて思ってもいなかったはずです。自覚できないところでストレスが心身を蝕んでいたのです。

厳しいコスト削減や欧米流の人事評価システムの導入。IT化により目まぐるしく変化し続ける仕事環境。このようなストレスフルな時代を無事に生き抜いて行くには、ストレスについての知識をきちんと身につけ、ストレスマネジメントを日常的に実践していくことが必要不可欠です。

そこで、本書では、自分自身のストレス状態を把握できるようになること、「ストレスがかかってるなあ」と感じたら即座に対処できるようになること、また日頃からストレスに強い心の習慣を身につけておくことを目標とし、そのためのヒントを示すことにします。

それができるようになれば、自分自身のストレスへの対処能力が高まるだけでなく、周囲の人たちの様子を見ながら、過度にストレスがかかっていそうな人がいれば適切な対応ができるようになるはずです。それは、結果としてストレスに強い職場づくりにもつながっていきます。

この企画にあたっては、日経文庫編集長平井修一さんに大変お世話になりました。本書がストレスに強い心をもつビジネスパーソンの増加に貢献できることを願っています。

２０１７年３月

榎本博明

心を強くするストレスマネジメント――【目次】

イラスト　さかちさと（asterisk-agency）

第1章　今なぜストレスマネジメントなのか

1　増えるメンタル不調者とストレスチェック制度

義務化されたストレスチェック

労働安全衛生法の改正により、2015年12月から、従業員が50人以上の事業所では、毎年1回ストレスチェックのための検査を実施し、従業員のストレス状態を把握することが義務づけられました。全従業員に毎年このような検査をするというのは画期的なことと言えます。

なぜ事業者が従業員の心の健康にそこまで気を遣わなければならないのかといえば、ストレスによって心を病む人が非常に多くなっているからです。過労死や精神障害による休職者の増加が深刻な社会問題となっており、そのような問題を未然に防ぐためにストレスチェック制度が義務化されたわけです。

このように言うと、ストレスへの対処は組織が担うべきという意味に受け取られるかもしれませんが、いくら組織がストレスチェック制度を取り入れても、ストレスにうまく対処できるかどうかは本人自身の意識にかかっています。

そこで求められるのは、ストレスに対する従業員ひとりひとりの意識改革、そしてストレスに強い心づくりです。そのためにも、まずはストレスのメカニズムを知り、自分自身のストレスマネジメントができるようになることが大事です。

メンタル不調者を抱える事業所

厚生労働省が5年ごとに実施している労働者健康状況調査によれば、メンタルヘルスケアに取り組んでいる事業者の割合は、1997年26・5%、2002年23・5%、2007年33・6%、2012年47・2%というように、このところ急速に増えています。

それにもかかわらず、「仕事や職業生活に関することで強い不安、悩み、ストレスとなっていると感じる事柄がある」という労働者の割合は、ここ15年ほど60%前後に高止まりしており、メンタルヘルスへの取り組みが盛んになってきているにもかかわらず、一向に減少する兆しが見えません。

どんなことがストレスになっているかをみると、3大要因は「職場の人間関係」(41%)、「仕事の質の問題」(33%)、「仕事の量の問題」(30%)となっていました(数値は2012年のデータ)。「職場の人間関係」と「過労」が労働者のストレスの2大要因になっていることをまさに裏づけるものと言えます。

いずれにしても多くの事業所が深刻なストレスに苦しむ労働者を抱えていることから、ストレスチェックが義務化されたと言ってよいでしょう。

増え続けるメンタル不調者

厚生労働省の患者調査（２０１４年）によれば、うつ病などの気分障害で医療機関にかかっている患者数は１１１万６千人となり、調査開始以来の最多となりました。この数字は、前回調査（２０１１年）の95万８千人を16％上回っており、この調査に気分障害が採用された２００６年の43万３千人と比べて２・６倍となっています。

もちろん、この数から気分障害が２・６倍に増えたと単純に言うことはできません。メンタルヘルスの啓発が盛んに行われるようになったため、自分の心の不調を感じて受診する人が多くなっているといった事情もあるでしょう。

でも、この増え方をみると、心の不調を感じている人が急増していることは否定できません。この調査データに表れているのは、実際に医療機関に出かけて受診した人たちです。自分自身の心の不調を感じても、医療機関にかかる人はごく一部で、とくに医療機関に相談せずに心の不調を抱えたまま過ごしている人の方が、現実には圧倒的に多いはずです。ゆえに、

図表1　メンタル不調者増加の要因

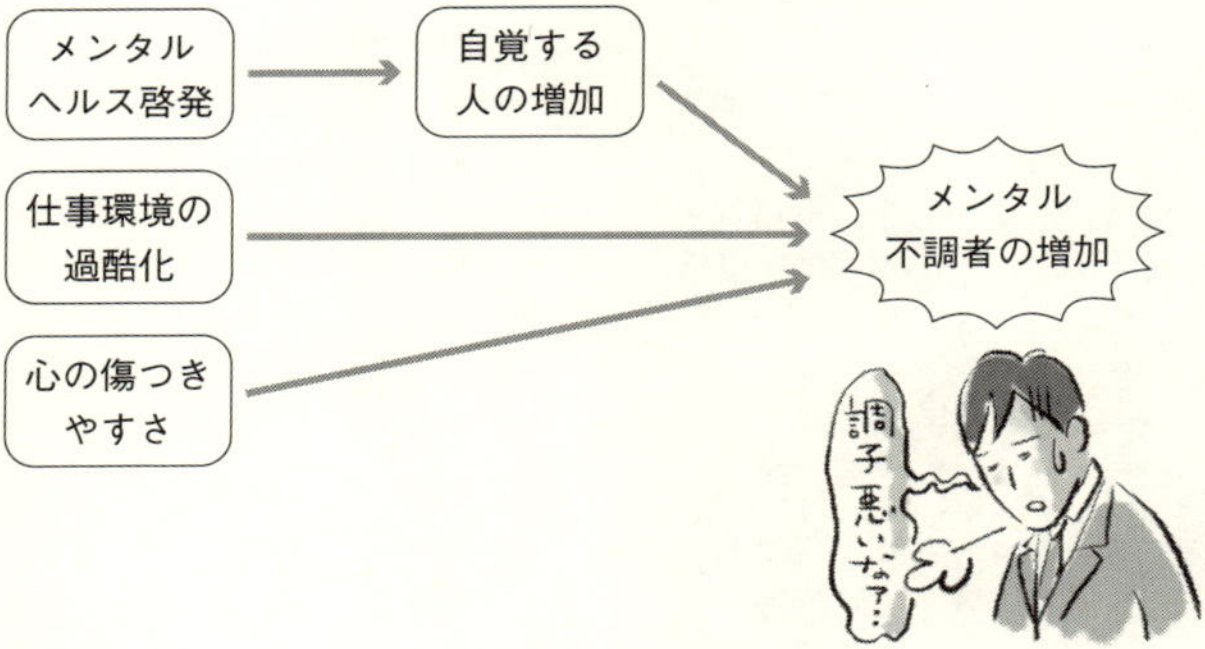

実際に心の不調を抱えている人は、この数字よりはるかに多いと考えられます。

過労死の多発

過労による自殺が深刻な社会問題となっていますが、過労自殺を含む過労死が多発していることを踏まえて、2014年に過労死等防止対策推進法が制定されました。ここでいう過労死等とは、業務における過重な負荷による脳血管疾患や心臓疾患を原因とする死亡、もしくは業務における強い心理的負荷による精神障害を原因とする自殺による死亡、またはこれらの脳血管疾患や心臓疾患、精神障害と定義されています。

この法案に基づいて、2016年にはじめて厚生労働省により過労死等防止対策白書がまとめられたわけですが、そこでもストレス状況の実態把握とストレス軽減のための対策に力点が置かれています。

過労死等防止対策白書（2016年）によれば、「自殺者総数」も「勤務問題を原因の1つとする自殺者数」もここ4年ほどは減少傾向にありますが、注目すべきは「自殺者総数」に占める「勤務問題を原因の1つとする自殺者数」の割合です。その割合は、10年ほど前までは5・5％前後だったのに対して、ここ5年ほどは9％近くにまで増えているのです。これは労働者を取り巻く仕事環境が過酷なものになっていることを示唆するデータと言ってよいでしょう。

勤務問題を原因・動機のひとつとする自殺者数は、ここ10年ほど2000人台を推移していますが、最も多いのが「仕事疲れ」によるもの、2位が「職場の人間関係」によるもの、3位が「仕事の失敗」によるもの、4位が「職場環境の変化」によるものとなっており、この4つで8割以上を占めています。

この調査では、過労死による労災請求件数に関するデータもまとめられています。

それによれば、業務による過重な負荷により「脳・心臓疾患」を発症したとする労災請求件数は、過去10年あまりの間、700件台後半から900件台前半の間で推移しており、大きく増減していません。

それに対して、業務における強い心理的負荷による「精神障害」を発病したとする労災請求件数は、この15年ほど年々増加傾向にあり、２０１５年度は１５１５件で１９９９年度の１５５件のほぼ10倍にもなっています。このような数字の急激な増加にも、精神障害の発症を勤務条件に結びつけて労災を請求する事例が多くなったことが関係していると考えられますが、ここまで増えているということからして、労働者にとって非常に深刻な問題であるのは間違いないでしょう。

2　なぜ心が折れる人が増えているのか

職場の環境要因だけでは解決しない

ストレスの問題がクローズアップされることによって、ストレスのかからない職場づくりが推奨されるようになりました。もちろんそれも大切なことですが、環境要因だけでは問題は解決しません。

なぜなら、同じような職場環境に置かれても、ストレス症状がひどく出て苦しむ人もいれば、とくにストレス症状に悩まされるようなことなく仕事をこなしている人もいるからです。ストレスの問題は、環境要因と個人要因の相互作用という観点で解決を模索していく必要があります。

そこで着目すべきは、個人のストレス対処能力です。これを高めることが、仕事そのものをこなす能力を高めることと同じように、あるいはそれ以上に重要と言ってよいでしょう。

では、どうしたらよいのか。そのヒントを示すのが本書の目的と言えます。

ますます厳しくなる仕事環境

そもそも仕事に限らず、人生というものは、なかなか思い通りにいくものではありません。挫折がつきものです。ストレスに無縁の人生などあり得ません。ただし、ストレス社会と言われるように、このところますますストレスが強まっているのは、だれもが感じるところでしょう。

右肩上がりの経済成長の時代が終わり、想定していたキャリアコースから外れるのはごくふつうのことになっています。勤務先が倒産したり、ずっと勤めるつもりだったのにリストラにより退職を余儀なくされるなど、路頭に迷うのも他人事ではなくなってきました。

ＩＴ革命によってビジネススタイルもライフスタイルもめまぐるしく変化しています。効率性ばかりが追求され、人事評価でも目に見える数字ばかりが重視され、これまで大切にしていたことも、数字にならなければ評価されないどころか、無駄としてネガティブに評価されかねません。

また、あらゆるものがＩＴネットワークにからめ捕られ、外出先でもかつてのような解放感がなく、たえず監視され、コントロールされているような感じになっています。

さらには、グローバル化の進行により終身雇用制や年功序列が崩れ、景気後退や産業構造の変化によりリストラが進んで雇用が不安定になり、職場の雰囲気は殺伐としたものになってきました。人手不足の上に、たえず評価にさらされ、だれもが自分のことで精一杯といった感じになっています。人間関係を大切にし、職場を居場所にしてきた多くの日本人にとって、職場の雰囲気の悪化は非常に大きなストレスになるはずです。

このような時代を生き抜くには、挫折感をいつまでも引きずらずに早く立ち直ることが必要であり、逆境に負けずに自分の道を切りひらいていける心の強さが求められます。

傷つきやすい若い世代

こうした時代状況の厳しさに加えて、人々の心が強く鍛えられにくくなっているという問題も生じています。筆者たちが高校生、大学生、成人前期、成人後期の人々を対象に実施したストレスに関する生涯発達調査によれば、成人より高校生や大学生の方が強くストレスを感じていました。社会人の方が客観的には強いストレスにさらされているはずなのですが、学生の方が強くストレスを感じているのです。

この調査では、ストレスに対する抵抗力に影響すると思われる諸要因についても検討しています。そこでも、若者は成人よりも、アイデンティティ確立度が低い、愛着不安が強い、外的統制が高い（ものごとをコントロールできないと感じており、ものごとの結果を自分の責任とみなさない傾向）、自己への信頼が低い、他者への信頼が低い、過去への評価が否定的、過去へのとらわれが強いなど、ストレスに影響すると思われる負の心理的特性が高いことが示されています。

ここから示唆されるのが、若者のストレス耐性の低さです。筆者が学生たちに「心の傷つきやすさ」についての授業をしたとき、いつもはまったくやる気のない学生たちさえも非常に熱心に聞き入っていたのが印象的でした。授業の終わりに、その授業に刺激されて考えたことを簡単に書いてもらうのですが、いつもは2～3行しか書かない学生たちまでもが紙一杯に数十行書いていました。

心理学という学問にはまったく関心のない学生にとっても、「心の傷つきやすさ」は他人事ではないため、非常に気になり、また強く共感できる切実なテーマなのだということがわかります。

3　ストレス状況というものを知っておくことの大切さ

自分や部下のストレス状況に気づく

ストレスマネジメントとしては、まずは自分のストレス状態に気づくことが大切です。それとともに、まだストレス反応がみられなくても、自分にどんなストレッサー（ストレスとなっている出来事や状況）がかかっているかに気づき、ストレスを溜め込まないように適切な対処法を身につけておくといった予防も大切です。そのためにもストレスについての基本的な知識を獲得しておくことが必要です。経営側や管理職側からすれば、従業員に対してストレスに関する心理教育の場を与えることが必要です。たとえば、どんなことがストレッサーになるのかを知っておかないと、自分の状況や部下の状況をチェックできません。

ライフサイクルとストレスの関係を知っておくことも必要です。新人の頃と管理職になってからでは、かかるストレスも違ってくるはずです。独身のときと結婚して子どもがいるときでは、当然ストレスの種類も違います。若い頃のストレスと中高年期のストレスでは、その様相はだいぶ違ってきます。

また、ストレスへの対処法としてどのようなものがあるのか、ストレスを溜め込むのを防ぐための予防法としてどのようなことができるのかを知っておくことで、適切な対処や予防ができるようになります。

自分自身や気になる人物のストレス状況に気づき、適切な対処ができるようにするためにも、ストレスについての一般的な知識を身につけておくことが必要です。ちょっとした心理教育をするだけでも、自分自身の心理状況への気づきが高まり、ストレス対処能力も高まって、ストレス症状の改善がみられることがわかっています。それは、従業員や部下のストレス状況への気づきや対処にも応用できます。

図表2　バーンアウトの主な症状

①情緒的消耗感	無理して頑張ることで心が消耗してしまった感じのこと
②脱人格化	感情が枯渇し、気持ちのこもらない非人間的な応対をするようになること
③個人的達成感の減退	職務に対する有能感や達成感を感じなくなること

バーンアウトとは

職場のストレス、仕事のストレスということで、よく問題になるのはバーンアウトです。どのような状態を意味するのかはよくわからなくても、バーンアウトという言葉は聞いたことがあるのではないでしょうか。バーンアウトという概念は、フロイデンバーガーによって提唱され、マスラックによって極度の身体的疲労や感情の枯渇を示す症候群と定義され、主として対人援助職を対象に検討されてきました。マスラックのバーンアウトを測定する尺度は、図表2に示した①から③の3つの下位概念によって構成されています。

バーンアウトは、この3つの因子からなる尺度を用いて検討されており、日本でもマスラックの尺度をもとに作成された日本版バーンアウト尺度で測定されています。

対人援助職では、相手の気持ちに共感すべく無理をしたり、相手が要求する感情を表現するように努力したりすることを強く求められるため、精神的に非常に消耗します。それがいきすぎると、疲れすぎて自分の感情をうまく管理することができなくなります。バーンアウトとは、そのような状態のことをさします。

これまで顧客の評判がよく、模範的とみなされていた従業員が、突然顧客に対してキレる。あるいは、いつも笑顔で気持ちよい応対が売り物だった従業員が、電池が切れた人形のように無表情になり、上の空で応対をするようになる。このような事例は、まさに対人援助職にありがちなバーンアウトの姿と言えます。

「おもてなし」の文化が孕む危険性

対人援助職のストレスについて検討していくと、「おもてなし」の文化の孕む危険性がみえてきます。ストレスによる心身の不調が深刻な社会問題になりつつあることは、これまでにみてきたとおりです。じつは、そこに「おもてなし」の文化が深く絡んでいるのです。

うつなどの心の不調を抱える労働者の増加や、ストレス性の精神疾患や過労死などの原因となる過重な仕事による負荷は、「おもてなしの精神」や「お客様扱い」とはべつに関係ないと思われるかもしれません。でも、そこには深い関係が想定されるのです。

図表3　「自己中心の文化」・「間柄の文化」とストレスの関係

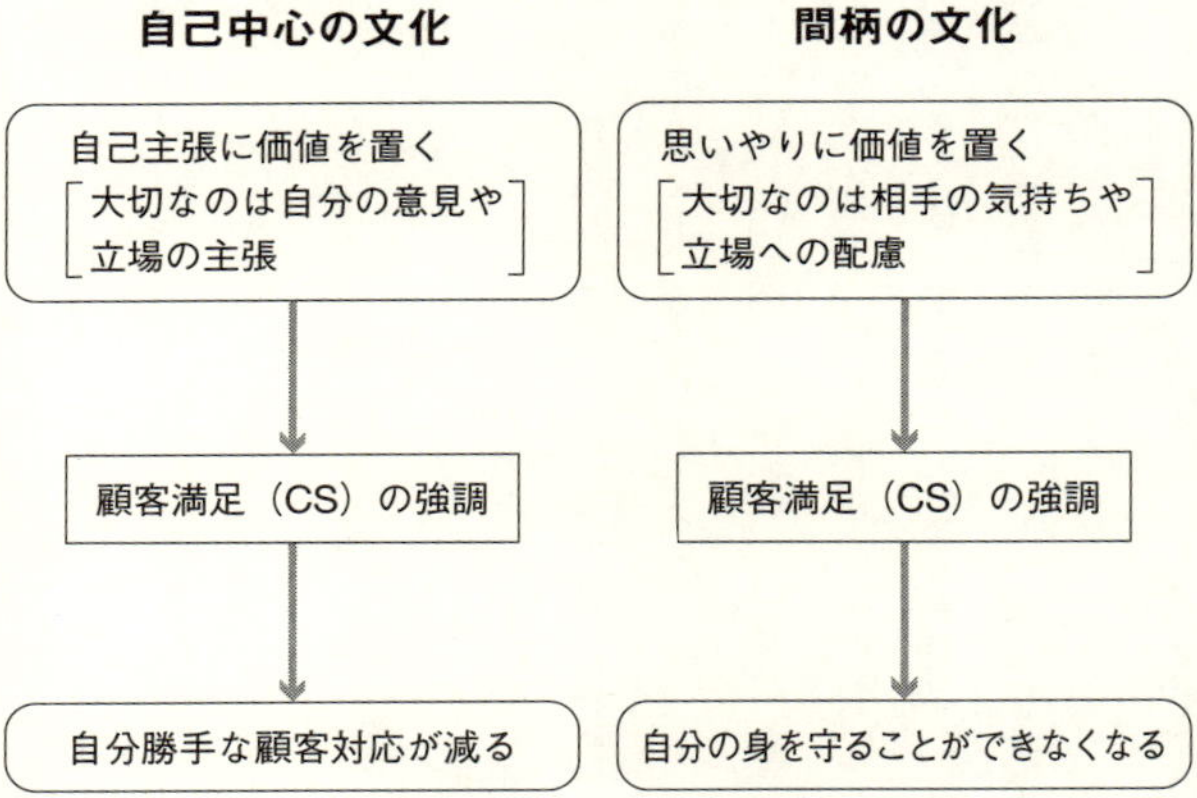

私は、欧米のような文化を「自己中心の文化」、日本のような文化を「間柄の文化」と呼んでいます。「自己中心の文化」であれば、店員などの労働者も自分のために動くため、「お客様扱い」による過度なストレスはかかりません。たえず相手の気持ちを考えて動く「間柄の文化」だからこそ、「お客様扱い」が横行し、労働者に過度なストレスがかかるのです。

たとえば、欧米のような「自己中心の文化」なら、自分の都合が何よりも重要だし、自分の視点からものを言うのが当然であるため、納期を早めろと言われても別の仕事が詰まっていて無理な場合は、「別の仕事が詰まっているので、それはできません」と即座に断ることができます。人手不足のために無理だという場合も、「あいにく人手が不足しているので、それは無理です」と率直に断ることができます。でも、日本のような「間柄の文化」の場合は、相手の立場や気持ちを配慮しなければならず、自分の立場から一方的にものを言うのは避けなければならないため、どう考えても無理な場合でも、即座に「無理です」とは言いにくいのです。

「間柄の文化」では、元々相手のことを考えて無理をしてしまいがちなのですが、このところ「おもてなし」の美徳をますます強調する雰囲気が強まっており、そうした時代の空気によって増長した顧客たちは、平気で無理な要求を突きつけるため、労働者はますます追い込まれています。

たとえば、顧客満足（CS）などという概念をアメリカから取り入れましたが、これは「自己中心の文化」では自分勝手な顧客対応を減らすために必要ではあっても、元々客や取引先の気持ちや立場を配慮して行動する「間柄の文化」の住人には必要ないものだったはずです。それなのに顧客満足などというものを強調することで、労働者は自分の身を守ることができなくなってきたのです。

多くの労働者は、どんなに無理な要求でも断りにくく、無理をなんとか無理でないようにしなければと必死になって働くことになりがちです。それが過重な仕事の負荷となって、過労死をはじめとする健康上の深刻な問題を生じることにつながっているわけです。

このような無意識のうちに私たちの心の動きに影響している文化的要因について自覚しておくことも、ストレスへの抵抗力を高めるためには欠かせません。

第2章　ストレスとは何か

1 基本的なストレス理論の枠組みを理解しておく

ストレスとは

現代はストレスの時代と言われます。仕事や人間関係のストレスが、さまざまなストレス症状を生んでいます。ストレスという言葉は、元々は物理的な力が加わったときの反応に関して用いられる工学用語でしたが、これを生物学的な反応に転用し、ストレス学説を確立したのは、生理学者セリエです。

セリエは、ストレス反応をもたらす要因をストレッサーと呼びました。ストレッサーは、物理的ストレッサー、化学的ストレッサー、生物的ストレッサー、心理社会的ストレッサーに大別できます。

物理的ストレッサーには、暑さや寒さ、騒音、X線などがあります。

化学的ストレッサーには、酸素欠乏、CO中毒、アルコール、薬品などがあります。

生物的ストレッサーには、飢餓、ビタミン不足、疲労・過労、睡眠不足、妊娠、ウイルス感染などがあります。

心理社会的ストレッサーには、戦争、政治体制の変化や不安定さ、経済状況の悪化や急激な変化、価値観の急激な変化、転居・入学・卒業・転校・就職・転勤・配置転換・転職・昇進・退職など個人的な環境の変化、学業や仕事上の行き詰まりや失敗、孤立や対人関係のトラブルなどがあります。

これらのストレッサーのいずれかが発生すると、それに適応するための一連のストレス反応が生じることになります。

ストレッサーに対する人間の反応は、セリエにならって、３つの段階に分けてとらえることができます。

第１段階の警告反応期は、ストレッサーがかかっていることに対して、食欲がなくなったり、胃腸の調子が悪くなったり、体重が減ったり、関節や筋肉が痛むなど、さまざまな警告反応が出る時期です。ストレスにより身体の機能が低下している状態です。

このような反応を察知して、適切な対処をとることが必要となります。適切な対処がとられないままにストレッサーが続くと、第２段階の抵抗期に移行します。

抵抗期には、身体の機能が回復し、ホルモン分泌など生体の抵抗力が最大限動員されることで、ストレッサーに対する抵抗力が高まり、不快感や苦痛が和らぎ、体調も回復し、ストレッサーがかかっている状況に対して適応した状態になります。

しかし、さらにストレッサーが続くと、第3段階の疲憊《ひはい》期に移行します。

この段階になると、ストレッサーがかかった状況に適応するのに疲れてしまい、身体の機能が再び低下し、抵抗力が衰えて、警告反応期にみられたような徴候が再び出てくるようになり、消化器系潰瘍、高血圧や心筋梗塞、ガン、うつ症状など深刻な病気も発生しやすくなります。いわゆるひどいストレス症状がみられるのはこの時期です。

基本的なストレス理論の図式

ストレスの元となるのがストレッサーですが、ここでは暑さ・寒さやCO中毒やウィルス感染などではなく心理社会的ストレッサーに限定することにします。そうすると、仕事の過重負担や職場の人間関係がストレッサーとなって、胃が痛くなったり、腹が下ったり、うつっぽくなったりというストレス反応が出るという仕組みになります。

ただし、同じようなストレッサーがあっても、そのようなストレス反応が顕著に出る人とあまり出ない人がいます。そこで、図表4のように、ストレッサーとストレス反応の間に、認知的評価を置くことにします。認知的評価というのは、ものごとの受け止め方です。

たとえば、仕事でミスをして上司に叱られたとき、

図表4　基本的なストレス理論の図式

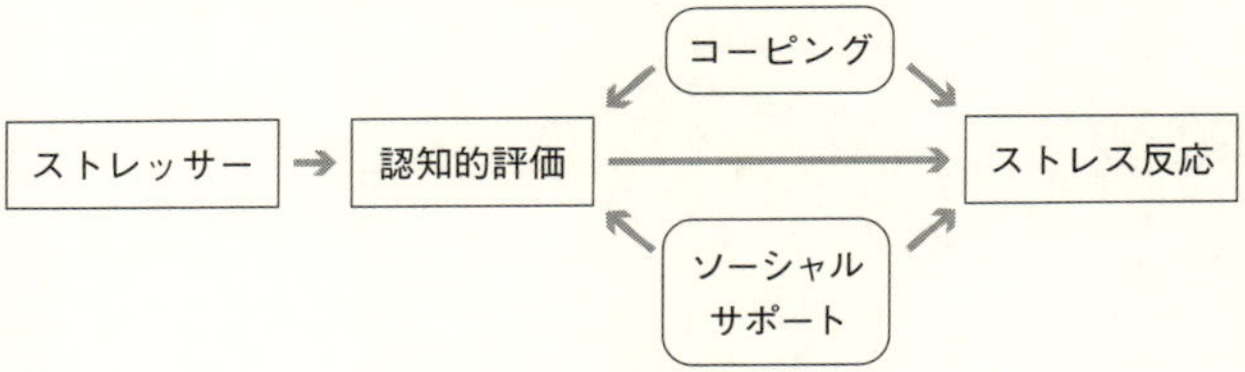

「こんなミスをするなんて…オレって、ほんとにダメだな。やっていけるかな」

「こんなことをしてたら、私、見捨てられちゃう」

などと過剰に悲観的な受け止め方をする人は、ストレス反応が出やすいでしょうが、

「同じミスをしないように、次から気をつけなくちゃ」

と冷静に受け止める人は、とくにストレス反応は出ません。

また、図表4では、ストレッサーとストレス反応の間に、コーピングとソーシャルサポートを置いています。それぞれ第3章で具体的に解説しますが、たとえば悲観的な受け止め方をしたとしても、運動で汗を流したり、カラオケをしたりして発散できていれば（コーピング）、あまりストレス反応が出ないですみます。あるいは、身近にサポートしてくれる先輩や友だち、家族などがいれば（ソーシャルサポート）、ストレス反応がひどく出ることはないでしょう。

さらには、日頃からコーピングがうまくできていたり、ソーシャルサポートに恵まれていたりすれば、気持ちに余裕ができるので、認知的評価も前向きになりがちです。それが、コーピングやソーシャルサポートから矢印が認知的評価にも向かっている理由です。

ストレスマネジメントにとって重要な5つの視点

前項で示した図の要素について、もう少し説明しておきましょう。

ストレッサーがなければストレス反応が生じることはないのですが、ストレッサーがあってもストレス反応がひどく出る人とあまり出ない人がいます。そのストレス反応の出方を左右するのが、認知的評価やコーピング、そしてソーシャルサポートです。

そこで、仕事絡みのストレスについて考える場合、次のような視点が重要となります。

①どんなことがストレッサーになるのか

多くの労働者にとって、どのようなことがストレッサーになり得るのかを知っておく。それを踏まえて、自分にとって、あるいは気になる人物にとって、どのようなことがストレッサーになっているかをチェックする。

図表5　ストレスマネジメントにとって重要な5つの視点

①どんなことがストレッサーになるのか
②ストレッサーに対してどのような認知的評価をする傾向があるか
③日頃からどのようなコーピングのレパートリーをもっているか
④利用できるソーシャルサポートがあるかどうか
⑤ストレス反応にはどのようなものがあるか

②ストレッサーに対してどのような認知的評価をする傾向があるか

ものごとの受け止め方しだいでストレス反応の出方が大きく左右されることを知っておく。また、自分の、あるいは気になる人物の、認知的評価のクセをつかんでおく。「大変だ！」「もうダメだ」「もう嫌だ！」というような感情的かつ悲観的な反応をしがちか、「たいしたことない」「何とかなるだろう」「どうしたらいいかな」というような冷静かつ楽観的な反応をしがちかをチェックする。そして、できるだけ冷静な認知的評価をするように心がける。あるいは、気になる人物をそのように導く教育的な働きかけをする。

③日頃からどのようなコーピングのレパートリーをもっているか

コーピングがストレス反応を和らげること、そしてコーピングにはどのようなものがあるかを知っておく。それを踏まえて、自分が、あるいは気になる人物が、よく用いているコーピングにはどのようなものがあるかをチェックする。そして、自分なりのコーピングのレパートリーをもつようにする。あるいは、気になる人物をそのように導く教育的な働きかけをする。

④利用できるソーシャルサポートがあるかどうか

ソーシャルサポートがあることでストレス反応が和らぐことを知っておく。また、自分は、あるいは気になる人物は、ソーシャルサポートに恵まれているかどうか、どのようなソーシャルサポートを得ているか、得られそうかをチェックする。そして、この先もソーシャルサポートが得られるように、人間関係を大切にしたり、社会的スキルを高めたりするように心がける。あるいは、気になる人物をそのように導く教育的な働きかけをする。

⑤ストレス反応にはどのようなものがあるか

ストレス反応にはどのようなものがあるかを知っておく。そして、自分に、あるいは気になる人物に、ストレス反応の徴候がみられた場合は、適切な対応をするように心がける、あるいはそのように導く教育的な働きかけをする。

具体的には、このあと本章および第3章で詳しく解説していくことにします。

図表６　職場のストレッサーの内容分類

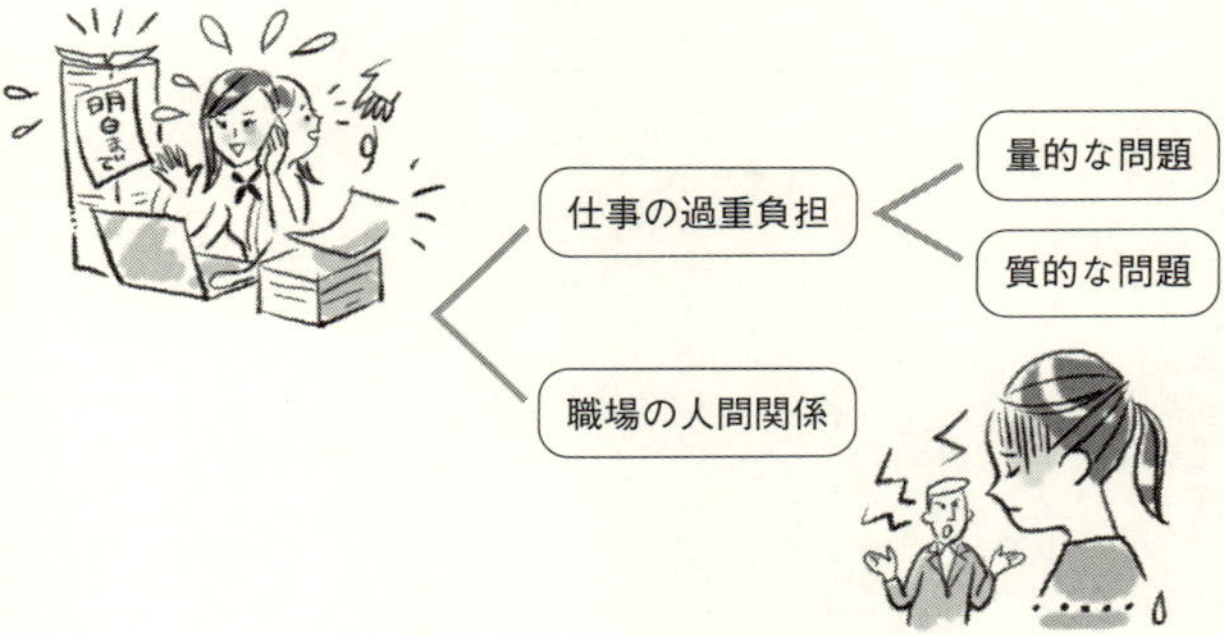

２　どんなことがストレスになるのか

職場のストレッサー

現代社会はストレスに満ちているとされますが、主として問題となるのが心理社会的ストレッサーです。なかでも、仕事絡みのストレッサーとしては、仕事そのものの過重負担と職場の人間関係の問題が主要なストレッサーと言えます。仕事の過重負担には、量的な問題と質的な問題があります。

たとえば、課せられるノルマがきつすぎる、仕事量が多すぎて休憩が取れない、人手が足りなくて休みが取れない、残業が多く勤務時間が長すぎるなど、量的な問題がストレッサーとなっていることもあります。仕事上求められる能力や知識が不足している、単純作業で創意工夫の余地がない、仕事のやり方な

図表7　職場のストレッサーの形式分類

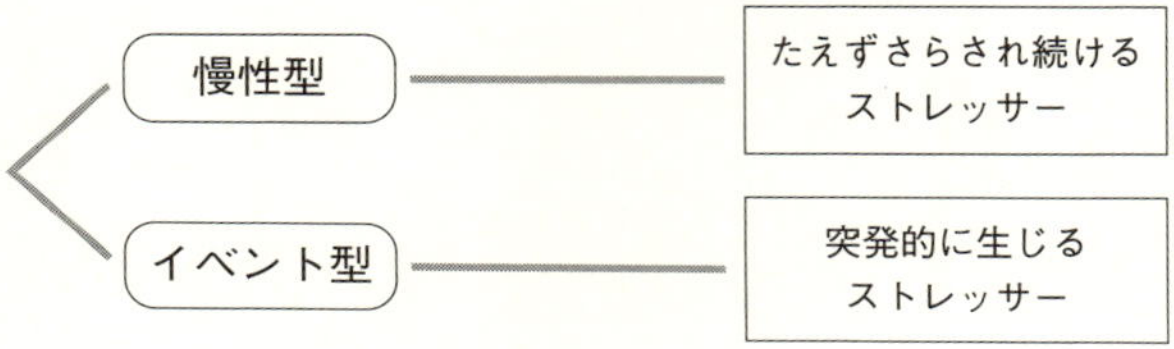

どで自分に裁量権がまったくない、仕事にやりがいが感じられないなど、質的な問題がストレッサーとなっていることもあるでしょう。

職場の人間関係の問題としては、上司との折り合いが悪い、横暴な上司や先輩がいる、職場に溶け込みにくい雰囲気があり居場所がない、職場の人たちと価値観が合わないなどがストレッサーとなっていたりします。

また、これらの職場ストレッサーは、慢性型とイベント型の大きく2つに分けることができます。

慢性型の職場ストレッサーとは、その職場で仕事をしているかぎり、たえずさらされ続けなければならないストレッサーのことです。たとえば、仕事への適性のなさ、能力不足、人手不足、役割からくる過重負担（上司としての役割、営業担当としての役割など）、上司との折り合いの悪さ、職場の風通しの悪さ、などは、とくに一時的なものではなく、たえずストレッサーとして重くのしかかってきます。

イベント型の職場ストレッサーとは、突発的に生じるものです。たとえば、人事異動、組織の方針の転換、仕事上のトラブル、職場の人間関係上のトラブルなどがあります。

自分自身がストレスを感じるとき、あるいは元気がなかったりして気になる人物がいるとき、どのようなことがストレッサーになっているのかを検討してみることも大切です。次の項で、どのようなことがストレッサーになりやすいのかを具体的にみていきましょう。

どのようなライフイベントがストレッサーになるのか

病気の主な原因は、大きな変化や急激な変化です。ストレス病の多くは、突然訪れた大きな変化とそれに伴う日常生活上のさまざまな変化によってもたらされます。医学の祖と言われるヒポクラテスは、ギリシャ時代の昔にすでに病気の主な原因が変化であることを見抜いていました。

そのことを前提にして、生活上のどのような変化がストレス病を生みやすいのかを調べたのが、社会学者ホームズとレイです。彼らは、社会的ストレッサーを測定する社会的再適応評価尺度を作成しています。ストレス研究者の夏目誠たちは、ホームズとレイの社会的再適応評価尺度をもとに、日本の労働者向けのライフイベントのストレス値尺度を作成していま

順位	ストレッサー	ストレス値
35	住宅ローン	47
36	子供の受験勉強	46
37	妊娠	44
38	顧客との人間関係	44
39	仕事のペース、活動の減少	44
40	定年退職	44
41	部下とのトラブル	43
42	仕事に打ち込む	43
43	住宅環境の大きな変化	42
44	課員が減る	42
45	社会活動の大きな変化	42
46	職場のOA化	42
47	団欒する家族メンバーの大きな変化	41
48	子供が新しい学校へ変わる	41
49	軽度の法律違反	41
50	同僚の昇進・昇格	40
51	技術革新の進歩	40
52	仕事のペース、活動の増加	40
53	自分の昇進・昇格	40
54	妻(夫)が仕事を辞める	40
55	職場関係者に仕事の予算がつかない	38
56	自己の習慣の変化	38
57	個人的成功	38
58	妻(夫)が仕事をはじめる	38
59	食習慣の大きな変化	37
60	レクリエーションの減少	37
61	職場関係者に仕事の予算がつく	35
62	長期休暇	35
63	課員が増える	32
64	レクリエーションの増加	28
65	収入の増加	25

す。

図表8を見るとわかるように、ストレッサーとなるライフイベントのリストは、私たちの生活に大きな変化をもたらす出来事からなっています。各項目の右にある数値は、その出来事のストレス値をあらわします。「単身赴任」が60点で「同僚の昇進・昇格」が40点というのは、前者のストレスは後者のストレスの1・5倍も強烈だということを意味します。

図表8　ライフイベントのストレス値（夏目他より作成）

順位	ストレッサー	ストレス値	順位	ストレッサー	ストレス値
1	配偶者の死	83	18	収入の減少	58
2	会社の倒産	74	19	人事異動	58
3	親族の死	73	20	労働条件の大きな変化	55
4	離婚	72	21	配置転換	54
5	夫婦の別居	67	22	同僚との人間関係	53
6	会社を変わる	64	23	法律的トラブル	52
7	自分の病気や怪我	62	24	300万円以下の借金	51
8	多忙による心身の過労	62	25	上司とのトラブル	51
9	300万円以上の借金	61	26	抜擢に伴う配置転換	51
10	仕事上のミス	61	27	息子や娘が家を離れる	50
11	転職	61	28	結婚	50
12	単身赴任	60	29	性的問題・障害	49
13	左遷	60	30	夫婦げんか	48
14	家族の健康や行動の大きな変化	59	31	新しい家族が増える	47
15	会社の建て直し	59	32	睡眠習慣の大きな変化	47
16	友人の死	59	33	同僚とのトラブル	47
17	会社が吸収合併される	59	34	引っ越し	47

自分のストレッサーをチェックしてみよう

図表8にあげられたライフイベントのうち、過去1年間に経験したものをチェックし、チェックした項目の右側の数値を合計してください。それがあなたの現在のストレス状況を表すストレッサー得点になります。

ホームズたちの研究では、ストレッサー合計得点が高いほど、その後重病にかかる率が高いことが証明されていますが、夏目たちの表に関しても、ストレッサー合計得点とストレス状態や

図表9　ライフイベントのストレス値が高いほど精神疾患比率が高い

ライフイベントのストレス値	精神疾患者の比率
400点以上	78.8%
300点台	67.4%
200点台	61.2%
100点台	57.1%
100点未満	39.3%

精神障害（多くはストレス関連疾患）の関連が研究されています。

ストレス状態を「過剰ストレス状態群」「過剰ストレス状態が疑われる群」「過剰ストレス状態を認めない群」に分けて、ストレッサー合計得点の平均を比較した結果、それぞれ312点、219点、135点となり、ストレス度が高いほどストレッサー合計得点が高いことが示されました。また、精神疾患と診断された人たちと健常者のストレッサー合計得点は、それぞれ312点および218点であり、精神疾患の人たちの方が100点近く点数が高いことが確認されました。

さらに、夏目たちがストレッサー合計得点と精神疾患の関連を検討した結果、精神疾患者の比率は、100点未満で39・3%、100点台で57・1%、200点台で61・2%、300点台で67・4%、400点以上で78・8%となっており、100点を超えると半数以上に精神疾患が認められ、400点を超えると約8割に精神疾患が認められることがわかりました。

このような結果から言えるのは、図表８でストレッサー合計得点が１００点以上になったらかなりストレスがかかっていることを自覚すべきであり、３００点以上の場合は深刻なストレス状況にあると考えるべきであり、いずれの場合も適切なストレス対処を行う必要があるということです。

ただし、同じようなストレッサーを経験しても、衝撃の受け方は人によって異なります。再適応に必要な心的エネルギーも、人によって違うはずです。ゆえに、表の数値そのものにあまりとらわれずに、どのような出来事がストレッサーになりやすいのかを知っておき、自分には今どんなストレッサーがかかっているかをチェックするための目安にする程度の使い方をするのが望ましいでしょう。

なぜ喜ばしい出来事もストレスになるのか

ストレッサーとなるライフイベントの表には、結婚、妊娠、自分の昇進・昇格、個人的成功、長期休暇などもあげられていますが、このような喜ばしい出来事や待ち望むような出来事も生活の変化を伴うという点においてストレスになるのです。

たとえば、結婚をすれば、お互いの習慣の違いに気づかされることもあり、歩み寄りが必要になりますし、独身のときのように自分だけのペースで暮らせないことがストレスになります。昇進うつ病というものもありますが、昇進するのは嬉しくおめでたいことではあっても、職務が変わり、責任が重くなり、慣れない役割を担わなければならないことがストレスになります。

したがって、嫌な出来事がストレスになるのはもちろんですが、良い出来事であっても変化がストレスになるという視点をもつことも大切です。

年末年始の休暇やお盆休み、ゴールデンウイークなどの休暇も、嬉しい休みではあるものの、普段と違った過ごし方をすること自体がストレスになることもあるのです。どこに行こうかと計画するのがストレスになる人もいれば、家族をどこかに連れて行かないといけないと思うことがストレスだという人もいます。混雑する行楽地に行くことや交通渋滞に巻き込まれることがストレスになるという人もいます。

こうしてみると、とくに嫌な出来事でなくても、生活に変化をもたらすものである場合は、それがストレスになることを想定して、何らかの対処をとる必要があると考えることも大切です。

日常的なイライラもストレッサーとして重要

生活に大きな変化をもたらす出来事だけでなく、日常的な些細な出来事もストレッサーとして無視できません。ラザルスは、身近な人物の死や離婚、失業のような大きな生活の変化を伴う出来事だけでなく、日常的に経験する些細な出来事が慢性的に生じることもストレッサーになることを発見しました。

たとえば、電車が遅れてイライラするのも、横柄な客の態度にイライラするのも、非常識な部下の態度にイライラするのも、横暴な上司にイライラするのも、配偶者とのつまらない口論が絶えないのも、その大変さを人に説明しようとすると大したことではないような気がしたりするものですが、これらもストレッサーとして人々を苦しめることになります。

3　ストレス反応にはどんなものがあるのか

心身に出るストレス反応

何らかのストレッサーが発生すると、それに適応するための一連のストレス反応が生じます。

仕事のミスを上司に報告しなければと思っているとお腹が痛くなってくる。会うといつも無理難題を吹っかけてくる取引先を訪問しようとすると腹が下ってくる。取り返しのつかないことをしてしまい、「どうしよう」と悩んでいると頭が痛くなる。どう見ても締め切りに間に合いそうもないとき、胃がキリキリ痛んでくる。職場にどうしても馴染めず、寝床に就いても職場のことばかり考えてしまい、なかなか眠れず、朝も早く目が覚めてしまう。このようなものは典型的なストレス反応です。

これらのストレス反応は、自分の心身に過度の負荷がかかっていること、かなりの無理をしていることを知らせるシグナルと言えます。深刻な状態に陥らないように、そうしたシグナルを機敏にとらえて、適切なストレス対処行動をとることが大切となります。

自分のストレス反応をチェックしてみよう

では、自分自身のストレス状態をチェックしてみましょう。

次の各項目について、最近の自分にあてはまるかどうか振り返り、あてはまる項目に○をつけてください。

結果はどうなりましたか。性格や環境条件のせいで日頃からあてはまるものがいくつかあるのがふつうですが、３分の１以上の項目に〇がついた場合は、ストレス反応がかなりさまざまな面に出ているとみなすことができます。ただし、感受性は人によりさまざまなので、得点そのものを気にするのではなく、どのような形でストレス反応が出ているかの見当をつけるための手がかりにしましょう。

チェックリストのうち、項目①～項目⑳が心理面にあらわれるストレス反応、項目㉑～項目㉟が身体面にあらわれるストレス反応です。ストレスが出やすいところは人によってさまざまです。気分の落ち込みとかイライラ、やる気の喪失といった心理面の症状が出やすい人もいれば、動悸がする、胃腸の調子が悪い、頭痛がするといった身体面の症状が出やすい人もいます。身体症状も、ストレスが溜まると胃腸に来るというタイプもあれば、頭痛が出るというタイプもあり、人によって特徴的なパターンがあります。

チェックリストをみながら、これまでの経験をじっくり振り返り、自分のストレス反応のパターンをつかみましょう。自分の特徴をつかんでおけば、ストレスが溜まってきたときには、心身の反応からその徴候を察知することができます。それができれば、ストレスでダウンする前に、ストレスを軽減する対処行動をとることができます。

(　　) ①憂うつな気分になることがある
(　　) ②何もかもがイヤになることがある
(　　) ③虚しさを感じることがある
(　　) ④イライラすることがある
(　　) ⑤心細くなることがある
(　　) ⑥腹立たしくなることがある
(　　) ⑦泣きたくなることがある
(　　) ⑧不安になることがある
(　　) ⑨気分がスッキリしない
(　　) ⑩気持ちが落ち着かない
(　　) ⑪気分の浮き沈みが激しい
(　　) ⑫何かにつけて不満が多い
(　　) ⑬何かをする気力が湧かない
(　　) ⑭将来に希望が感じられない
(　　) ⑮自分はダメだと思う
(　　) ⑯何をするにも自信がない
(　　) ⑰自分がイヤになることがある
(　　) ⑱頭の中がまとまらない
(　　) ⑲ものごとを自分で判断できない
(　　) ⑳ものごとになかなか取りかかれない
(　　) ㉑疲れやすい
(　　) ㉒疲れがとれにくい
(　　) ㉓寝つきが悪い
(　　) ㉔早朝に目が覚めて、その後眠れなくなる
(　　) ㉕風邪を引きやすい
(　　) ㉖動悸がすることがある
(　　) ㉗息苦しくなることがある
(　　) ㉘脇の下に汗をかきやすい
(　　) ㉙よく喉が渇く
(　　) ㉚胃の調子が悪い
(　　) ㉛下痢や便秘をしやすい
(　　) ㉜食欲がない
(　　) ㉝性欲がない
(　　) ㉞頭痛がする
(　　) ㉟肩が凝りやすい

ストレス時の生理的反応

ストレスがかかるとストレスホルモンが放出されます。副腎皮質ホルモンです。ストレスホルモンは、ストレスから生体を守るために放出されます。

ストレスがかかると、まず最初に視床下部からＣＲＨというホルモンが分泌され、それが下垂体に到達すると、下垂体からＡＣＴＨ（副腎皮質刺激ホルモン）が放出されます。これが全身にまわり、副腎皮質に到達すると、副腎皮質ホルモン、いわゆるステロイド・ホルモンが放出されます。ステロイド・ホルモンは炎症やアレルギーを抑える働きをしますが、それは異物に対して無防備な状態をつくり出します。

また、ストレスホルモンの放出に伴い、自律神経系の興奮も始まります。副交感神経優位のリラックスした状態から交感神経が興奮した緊張状態、いわば戦闘モードに切り替わります。この緊張状態が続くと、いわゆるストレス症状が出てきます。

ストレスとの関連で注目すべきは、免疫機能において重要な役割を担っていると考えられるＮＫ細胞です。免疫機能についての研究をしているキーコルト・グレーサーたちは、医学部の学生の最終試験の１カ月前に採取された血液と試験終了時に採取された血液を比較する研究により、試験終了時にはＮＫ細胞活性は低下しており、試験のストレスが免疫機能を阻害することを確認しています。

このように、ストレスがかかった状態が持続すると緊張状態が続くとともに免疫力が低下し、さまざまなストレス症状が出やすくなります。とくにストレス病と言われる症状でなくても、たとえば感染症である風邪をひきやすくなったりするのも、ストレスによる免疫力の低下が関係していたりします。

4　同じ出来事を経験してもストレスにやられる人とやられない人がいるのはなぜか

どんな出来事がストレッサーになりやすいかを知っておくことは必要ですが、同じ出来事を経験しても、ストレス反応がひどく出る人とあまり出ない人がいることは無視できない事実です。このことからわかるのは、何がストレッサーになるかは、出来事だけで決まるのではなく、個人の要因によって決まる面があるということです。

ストレス社会と言われるように、現代人はさまざまなストレスにさらされて生活しています。同じようにストレスに満ちた状況にあっても、目の前の課題を着実に解決して前進していける人もいれば、感情的に混乱するばかりで停滞してしまう人もいます。胃潰瘍やうつのような身体症状が出る人もいれば、何も身体症状の出ない人もいます。

そこには、すでに33ページで図表４をもとに説明したように、認知的評価やストレスコーピング、そしてソーシャルサポートが関係しています。このようなストレス反応の個人差から明らかなのは、ストレスとなる出来事、つまりストレッサーがストレス反応を生むのではなく、ストレスへの対応力がストレス反応の有無や程度を決定するということです。

前向きの認知的評価をしたり、ストレスコーピングを実践したり、ソーシャルサポートに頼ったり（ストレスコーピングとソーシャルサポートは部分的に重なります）することで、ストレッサーの影響を軽減し、深刻なストレス反応を免れることができます。すなわち、認知的評価やストレスコーピングを適切に行ったり、ソーシャルサポートをうまく得たりするストレスマネジメント力が、ストレス反応の出方を大きく左右することになります。

認知的評価やコーピング、ソーシャルサポートを具体的にどうしたらよいかについては、第３章でさらに詳しく解説することにします。

5　ストレスに弱い人の特徴

ネガティブな出来事にばかり目を向ける傾向

ストレス反応が出やすい人、たとえば何か嫌なことがあるとすぐに落ち込む人やイライラする人の特徴として、ネガティブ・ライフイベント、つまり嫌な出来事にばかり着目したり、物事のネガティブな側面に目を向けたりする心理傾向があります。

人生には浮き沈みはつきものです。生きていれば、良いこともあれば悪いこともあります。嬉しいことや楽しいこともあれば、悲しいことや辛いこと、悔しいこともあります。幸運もあれば不運もあります。

だれもがポジティブな出来事もネガティブな出来事もいろいろ経験しているはずなのに、落ち込みやすい人やイライラしやすい人は、とくにネガティブな出来事にばかり目を向け、ネガティブな出来事ばかりを思い出しては反芻する心理傾向があります。

いつも不機嫌で愚痴っぽい人は、ネガティブな経験ばかりを語るものですが、家族や職場の人たちに聞いてみると、その人はけっして嫌な目にばかり遭っているわけではないことがわかります。ポジティブな経験もいろいろしているはずなのに、なぜかネガティブな出来事

図表10　ストレスに弱い人の特徴

①ネガティブな出来事や物事のネガティブな側面に目を向ける傾向

②相手の視線に対するネガティブな認知バイアス

③社会的スキルの乏しさ

にばかり目を向け、記憶し、想起する傾向があるのです。そこに働いているのが気分一致効果です。

ここからわかるのは、ネガティブな出来事にばかり目を向ける心理傾向がストレッサーの影響を強めさせ、ストレス反応を生じやすくさせるということです。

相手の視線をネガティブに受け止めやすい

ストレスを感じやすい人にありがちな心理的特徴のひとつに、相手の視線に対する認知バイアスがあります。

これは、相手はとくに何とも思っていないのに、変に思われているのではないか、気持ちを傷つけてしまったのではないか、嫌われているのではないかなどと、相手がネガティブな視線を向けていると感じてしまう心理傾向のことです。相手の言葉や態度を勝手にネガティブな意味に読み取ってしまうのです。

相手がべつに気分を害したりしていないのに、何気ない言葉に怒りや苛立ちを感じ取ったり、何気ない態度に無視されたとか冷たくされたなどと被害意識を抱いたりすることがあります。いわば、相手の視線に対する認知にネガティブなバイアスがかかりがちなのです。

ときに敵意帰属バイアスがかかることもあって、人間関係を避けたり、悪化させたりすることにもなります。敵意帰属バイアスとは、他者の言動を敵意に帰属させる、つまり敵意をもっているからあんなことを言うのだ、あんな態度を取るのだと勝手に思い込む認知傾向の歪みのことです。

人間関係をストレスに感じている人、とくに人間関係のトラブルを起こしがちな人には、ふつうなら何も感じない言動にも悪意を読み取って怒り出すなど、認知の歪みが目立ちます。たとえば、相手から何か言われたとき、そこに勝手に敵意を感じ取り、「こっちのことをバカにしてるんだ」などと悪く解釈したりします。同じようなことを言われても、「侮辱された」と解釈して怒り出す人もいれば、「ユーモアのあるからかい」と解釈して一緒になって笑う人もいます。相手の言動をどのように解釈するかによって、その後の反応に大きな違いが出てきます。人間関係がストレスになりやすい人には、この解釈に独特の歪みがあります。何かにつけて悪意に解釈する認知の歪みです。

相手としても、自分には何の悪意もないどころか、親切心から言った言葉にも強く反発されるため、戸惑うことになりがちです。でも、敵意帰属バイアスのせいで、本人は相手が敵意を向けてきたと本気で思っており、ほんとうにストレスを感じているのです。

このような敵意帰属バイアスをもつ人物は、自分に敵意を向けてくる相手への報復という意味で、相手に対して攻撃行動を示しやすいことが、多くの研究により証明されています。

そうした敵意帰属バイアスのような認知の歪みの背後には、基本的信頼感の欠如や見下され不安が潜んでいると考えられます。

他人を信頼する心理傾向をもつ人は、人の言動を好意的に解釈し、人に対して好意的な態度を取りやすいものです。ときに、そのために騙されることがあっても、人を疑うよりは信じたいという気持ちが勝ります。

一方、基本的に他人のことを信頼しない心理傾向をもつ人の場合は、人に対して警戒感が強く、人の言動にも裏があるのではないか、悪意があるのではないかと用心深くなりがちです。それが強すぎて、相手には何の悪意もないのに敵意帰属バイアスが生じ、勝手に敵意を読み取り、ストレスを感じ、ときに反撃に出たりするのです。

また、自信がなく、見下され不安を抱える人は、「バカにされるのではないか」「軽く見られるのではないか」といった不安が強いため、人のちょっとした言動にも「バカにしてる」「軽んじてる」などと敵意帰属バイアスを示し、それがストレスになって落ち込んだりイライラしたり、ときに反撃に出ることになりがちです。

このような認知バイアスは、本人の意思とは関係なくほぼ自動的に生じます。つまり、「相手から嫌われているに違いない」とか、「つまらない人間だと思われてるのだろう」とか、「どうせ好意的にみてもらえるわけがない」などといったネガティブな思いが、ごく自然に思い浮かびます。それをネガティブな自動思考的認知と言います。

このようなネガティブな自動思考的認知のせいで、対人不安が高まり、人づきあいに対して消極的になります。相手のちょっとした言葉や態度にもビクッとして傷つきやすいため、人間関係が大きなストレッサーとなるのです。

社会的スキルが乏しい

ストレッサーの影響を和らげる要因のひとつにソーシャルサポートがありますが、ソーシャルサポートが得られるかどうかを左右するのが社会的スキルです。

ストレスにやられる人が増えている理由のひとつとして、社会的スキルが未熟なため周囲の人たちからのサポートが得られない、それどころか周囲の人たちとの人間関係までもがストレッサーになってしまうということがあるのではないでしょうか。

実際、社会的スキルが不足するため自己開示できる相手ができない場合、そのためにストレッサーを感じやすく、抑うつ反応が出やすくなることが示されています。他者に対して情緒的サポートを与える社会的スキルが欠けている場合も、人間関係でストレスを感じやすく、抑うつ状態に陥りやすくなることが報告されています。社会的スキルが乏しいために人間関係のトラブルをうまく解決できない場合も、それによって抑うつ反応が出やすくなることが確認されています。

仕事の負荷がかかりすぎることがストレッサーになっている場合も、社会的スキルが高ければよいのですが、低い場合にうつなどのストレス反応が出やすいということも確かめられています。

今の中高年世代と違い、集団遊びをあまり経験せずに育つようになって、社会的スキルが磨かれないままに大きくなってきた若い世代が増えています。年上の人が苦手とか、逆に年下が苦手など、異年齢とのかかわり方がわからないという声を聞くことも多くなりました。

また、とくに仲のよい友だちとだけ遊んできたため、親しい友だちならよいが、気が合うわけでもなく、何を考えているのかよくわからない職場の人たちとかかわるのが苦手だという声もよく耳にします。

社会的スキルが不足しているため、うまく間が取れないのです。そのような場合、相手のちょっとした言葉や態度に、「拒否されている」と感じたり、「自分なんかと一緒にいたってつまらないんだろう」と思ったりしがちです。それで人間関係に気を遣いすぎて、疲れてしまうのです。

そうなると、人間関係がサポートになるどころか、かえってストレッサーになってしまいます。ストレスを感じながら、言いたいことも言えずに我慢しすぎて、溜め込んだものを一気に吐き出すかのような爆発をして、人間関係を壊してしまうこともあります。それでまた傷つき、ドッと疲れます。

ストレスと社会的スキルに関する脆弱性モデルというものがあります。これは、ストレッサーとなり得るネガティブライフイベント、つまり嫌な出来事を経験しても、社会的スキルが高ければとくに問題は生じないけれども、社会的スキルが低いとストレス反応が出たり、人間関係を悪化させたりしやすいというものです。

ここから言えるのは、ストレス症状が出るのを防ぐためには、社会的スキルを身につけることでストレッサーへの抵抗力を高めることが大切だということです。

社会的スキルのひとつとしてアサーションがあります。アサーションについてはまた第3章で説明しますが、アサーションのスキルが身についていないと、適切な自己主張の仕方がわからないため、我慢しすぎて嫌なことも嫌と言えずに不満を溜め込んだり、逆に相手の気持ちも考えずに言いたいことを言って気まずくなったりしてしまいます。アサーションのスキルを身につけて適切な自己主張ができるようになれば、溜め込みも不適切な自己主張も防ぐことができ、人間関係が良好になるため、ストレスを感じないですむようになると期待できます。

6　ネット依存とストレス

ネット依存もストレスになる

ネット上では攻撃的な言動が多くみられるため、ネット使用が攻撃性などネガティブ心理を助長するのではないかと考えられますが、それについては実証研究により多くの証拠が報告されています。

たとえば、ネット使用が抑うつ傾向を高めたり、攻撃的な認知や行動を増加させるなど、ネガティブ心理を助長することが報告されています。とくに、攻撃的な内容を含むネットの継続的な利用によって、攻撃的な認知や行動が促進されることも示されています。

では、なぜネットを使うと攻撃的になるのでしょうか。

まずは、ネット空間は攻撃性に満ちており、攻撃的なやりとりが多く、誹謗中傷のような攻撃的なやりとりに日常的に触れることが、攻撃衝動を刺激するということがあります。また、ネット上で攻撃性を発散している人たちの言動にしょっちゅう触れることでモデリングが生じ、ストレスを攻撃的な言動によって発散しやすくなるということもあります。

モデリングというのは、人の行動を観察することで、自然にそれを真似るようになる心理メカニズムのことです。人の気持ちを考えずに攻撃的な発言をしている場面にしょっちゅう触れることで、攻撃性の発動に対するブレーキが緩み、人に対して攻撃的なことを平気で言うようになるわけです。

さらには、ネット上でのやりとりは、文字情報に限られ、表情や声の調子など非言語的情報から相手の真意を汲み取るということができないため、疑心暗鬼になりがちで、それが攻撃的なやりとりを増加させる要因になっているということもあります。

アメリカでは、93世帯にネット環境を提供し、その後2年間のネット利用が人間関係や精神的健康にどのような影響を及ぼすかを探る縦断的調査が行われました。その結果、ネット利用は家族や友人とのかかわりを減少させ、孤独感や抑うつを増大させることがわかっています。スタンフォード社会計量研究所が行った調査でも、ネット利用はさまざまな社会的活動を減少させ、また家族や友人とのかかわりも減少させることが示されています。

このようにネット使用は、抑うつ傾向を増加させたり、身近な人たちとのかかわりを希薄化し、孤独感を増大させることがわかっています。

ネット生活がセロトニン値を低下させるという指摘もあります。神経伝達物質セロトニンは、欲求不満が生じた際の衝動的反応の抑制に関係しているとみなされています。そして、セロトニンの脳内濃度が低い人は、攻撃的行動を起こしやすいことも指摘されています。疲労やストレス、対人コミュニケーションの不足などがセロトニン値の低下をもたらすとされますが、ネット利用によるセロトニン値の低下には、ネットに没頭することによるストレスや身近な人たちとのやりとりが少なくなることが関係していると考えられます。

ネット依存のチェックテスト

ネット依存がストレスになるとして、どのような人がネット依存ということになるのでしょうか。自分はよくネットを使うがネット依存なのだろうかと気になる人のために、ネット依存のチェックリストを次ページに示します。気になる人物を思い浮かべながらチェックしたり、自分自身を振り返ってチェックしたりしてみてください。

これはアメリカの心理学者キンバリー・ヤングが作成したインターネット依存尺度20項目版を東京大学大学院情報学環橋元良明研究室が生徒・学生向けに訳したものを、社会人にも当てはまるように筆者が部分的に修正したものです。

それぞれの項目が自分にあてはまる程度をリストに示した5段階で評定します。20項目分の評定値を合計してください。合計得点が70点以上だと、ネット依存的傾向が強いと診断されます。40点以上69点以下だと、ネット依存的傾向は中程度であると診断されます。39点以下だと、ネット依存的傾向は弱いと診断されます。

5…いつもある　4…よくある　3…ときどきある
2…まれにある　1…まったくない

1. 気がつくと、思っていたより長時間ネットをしていることがある
2. ネットを長く利用していたために、家庭での役割や家事をおろそかにすることがある
3. 家族や友だちと過ごすよりも、ネットを利用したいと思うことがある
4. ネットで新しく知り合いをつくることがある
5. 周りの人から、ネットを利用する時間や回数について文句を言われたことがある
6. ネットをしている時間が長くて、学校や仕事の成績が下がっている
7. ネットが原因で、勉強や仕事の能率に悪影響が出る
8. 他にやらなければならないことがあっても、まず先にソーシャルメディア（LINE、Facebookなど）やメールをチェックすることがある
9. 人にネットで何をしているのか聞かれたとき、言い訳をしたり、隠そうとしたりすることがある
10. 日々の生活の問題から気をそらすために、ネットで時間を過ごすことがある
11. 気がつけば、また次のネット利用を楽しみにしていることがある
12. ネットのない生活は、退屈で、むなしく、わびしいだろうと不安に思うことがある
13. ネットをしている最中に誰かに邪魔をされると、いらいらしたり、怒ったり、言い返したりすることがある
14. 夜遅くまでネットをすることが原因で、睡眠時間が短くなっている
15. ネットをしていないときでも、ネットのことを考えてぼんやりしたり、ネットをしているところを空想したりすることがある
16. ネットをしているとき「あと数分だけ」と自分で言い訳していることがある
17. ネットをする時間や頻度を減らそうとしても、できないことがある
18. ネットをしている時間や回数を、人に隠そうとすることがある
19. 誰かと外出するより、ネットを利用する方を選ぶことがある
20. ネットをしている時は何ともないが、ネットをしていない時はイライラしたり、憂うつな気持ちになったりする

7　欲求不満のストレスが人を攻撃的にする

欲求不満が攻撃性を生む

欲求不満になると攻撃衝動が高まるのは、日常生活の場面でだれもが実感しているはずですが、そのことは心理学の実験によって証明されています。

心理学の世界ではダラードたちの欲求不満―攻撃仮説が有名ですが、それは目標に向けて遂行されていた行動が阻止されると欲求不満が生じ、その解消または低減のために攻撃行動が引き起こされるというものです。多くの実験や調査によって、その理論の妥当性が支持されています。

たとえば、心理学者バーカーたちは、子どもを対象に、欲求不満が攻撃行動を生み出す心理メカニズムを明確に証明する実験を行っています。実験では、まず最初に子どもたちに部屋一杯のオモチャを見せ、子どもたちを2つのグループに分けました。

第1グループでは、オモチャを見せた後、オモチャを手の届かないところに置いて欲求不満を起こさせました。オモチャは金網越しに見えるものの、それを使って遊ぶことはできません。第2グループでは、オモチャを見せた後、すぐにそれらで遊ぶことができるようにして、欲求不満は生じさせませんでした。その後、どちらのグループの子どもたちもオモチャで遊べるようにしたのですが、第2グループの子どもたちは楽しそうにオモチャで遊んだのに対して、第1グループの子どもたちはきわめて破壊的で、オモチャを殴ったり、壁に投げつけたり、踏みつけたりといった攻撃行動を示しました。

子どもは、大人と違って衝動を素直にあらわします。このような実験結果は、欲求不満が攻撃行動を起こさせる端的な証拠と言えます。すぐにオモチャで遊べなかった第1グループの子どもたちは、欲求不満によるイライラが募り、オモチャを殴ったり、投げたり、踏みつけたりといった攻撃的な行動を示したのです。オモチャで遊べるのは嬉しいのに、それに先だって引き起こされた欲求不満によるストレスが攻撃衝動を刺激し、素直に楽しく遊ぶことができないのです。

やたら攻撃的な人の背後にもストレスが……

この実験の場合は、欲求不満という形のストレスを与えたオモチャに攻撃が向けられていますが、攻撃の対象が置き換えられることもあります。

職場で納得のいかない人事評価を受けたり、取引先で理不尽に怒鳴られたりして、欲求不満によるストレスを溜め込んだ状態にある人が、帰宅途中の車内で音楽を聴いている人に「うるさい！」と怒鳴ったり、家に帰ってからちょっとしたことで苛立って家族に怒鳴り散らしたりすることがあります。あるいは、綿密に企画したつもりの提案を上司から軽く却下されて、欲求不満によるストレスを溜め込んだ人が、もっていた書類を机の上に叩きつけたり、足下のゴミ箱を蹴飛ばしたりと、モノに当たることもあるでしょう。

これらの攻撃行動は、欲求不満を起こさせた人物と何の関係もない人物やモノに対してストレスによるイライラをぶつけているのですが、まさに攻撃対象の置き換えによるものと言えます。

人身事故や台風などにより電車が遅れているときに、「いつになったら動くんだ」と怒鳴るような激しい口調で駅員に詰め寄る人。病院の待合室で、「いつまで待たせるんだ」と受付の事務職員に食ってかかる人物。そのようなキレやすい人物が増えていることが社会問題になっていますが、じつは仕事や家庭などで思い通りにならないことが多く、欲求不満によるストレスが積み重なっているために攻撃的になりやすいのだと考えられます。

8　「間柄の文化」と過労死の関係――英語になった「過労死」

「間柄の文化」と「自己中心の文化」の対照的な特徴

第1章でも「間柄の文化」と「自己中心の文化」について簡単に触れましたが、過労死に至る心理過程の理解を促すために、ここで少し詳しく説明しておきたいと思います。

私は、欧米の文化を「自己中心の文化」、日本の文化を「間柄の文化」と名づけて対比させていますが、それぞれの文化は以下のように特徴づけることができます（榎本博明『「みっともない」と日本人』日経プレミアシリーズ）。

「自己中心の文化」とは、自分が思うことを思う存分主張すればよい、ある事柄を持ち出すか持ち出さないかは自分の意見を基準に判断すればよい、とする文化のことです。常に自分自身の気持ちや意見に従って判断することになります。

欧米の文化は、まさに「自己中心の文化」と言えます。そのような文化のもとで自己形成してきた欧米人は、何ごとに関しても他者に影響されず自分を基準に判断し、個として独立しており、他者から切り離されています。

一方、「間柄の文化」とは、一方的な自己主張で人を困らせたり嫌な思いにさせたりして

図表11 「間柄の文化」と「自己中心の文化」の特徴

間柄の文化	一方的な自己主張で人を困らせたり嫌な思いにさせたりしてはいけない、ある事柄を持ち出すか持ち出さないかは相手の気持ちや立場を配慮して判断すべき、とする文化
自己中心の文化	自分が思うことを思う存分主張すればよい、ある事柄を持ち出すか持ち出さないかは自分の意見を基準に判断すればよい、とする文化

はいけない、ある事柄を持ち出すか持ち出さないかは相手の気持ちや立場を配慮して判断すべき、とする文化のことです。常に相手の気持ちや立場を配慮しながら判断することになります。

日本の文化は、まさに「間柄の文化」と言えます。そのような文化の下で自己形成してきた日本人は、何ごとに関しても自分を基準とするのではなく他者の立場や気持ちを配慮して判断するのであり、個として閉じておらず、他者に対して開かれています。

なぜ「間柄の文化」では過労死が起こるのか

過労死というのは、欧米人には理解できない現象のようです。過労死が「karoshi」と英語になったことが、それを物語っています。「甘え」に相当する概念が英語にないから「amae」という英語ができたように、「karoshi」という英語ができたのは、「過労死」に相当する概念が英語になかったからでしょう。こ

図表12　「間柄の文化」・「自己中心の文化」と過剰労働

間柄の文化	自分の心の声　<　相手の期待 ↓ 過剰労働（過労死）
自己中心の文化	自分の心の声　>　相手の期待

のことは、過労死が日本特有の現象であることの証拠と言えます。そして、過労死というものは、日本の文化的特性を考慮しないと理解できないし、またそれを自覚していないと防ぐことができないのです。

過労死が起こるのは、過度なストレスによってうつ状態になり、正常な判断ができなくなるからです。うつ状態になると、心のエネルギー水準が低下し、視野狭窄も起こるため、ふつうの心理状態のときのような冷静な判断ができなくなります。では、なぜうつ状態になるほどに過剰労働の世界に引きずり込まれてしまうのでしょうか。どうしてもっと前にそのような過剰労働の世界から離脱しようとしないのでしょうか。

そこに「間柄の文化」の特性が深く絡んでいるのです。

「間柄の文化」で自己形成してきた人は、「自己中心の文化」で自己形成してきた人のように自分中心の行動が取れないため、ストレスを溜め込んでしまいます。相手の立場や気持ちを考えると、自分中心の動きが取りにくく、「自分の心の声」よりも「相手の期待」が気になってしまうのです。

「自己中心の文化」の住人であれば、過剰労働になりそうなときには、「それは無理です」「それは契約にありません」「私の義務は果たしました」「それは私の仕事ではありません」「私の勤務時間はもう終わりました」などと拒否することができ、それによって身を守ることができます。あえて拒否しないのは、報酬が非常に高いなど、自分にとってのメリットが大きい場合だけです。

それに対して、私たちのような「間柄の文化」の住人は、そのような自分の立場からの主張は自分勝手に思えて、なかなかできません。どんなにきつくても、「自分だけじゃないから」「みんなも大変だけど頑張ってるんだし」「先輩や仲間に負担をかけられないから」「自分が拒否したら仕事が回っていかないし」「お客がいるのに、ここで帰るわけにはいかない」「取引先からの電話に出ないわけにはいかない」「取引先の要求を拒否するわけにはいかない」などと思い、無理だという気持ちや拒否したい気持ちにブレーキがかかってしまいます。

自分中心にものごとを考えることができないのです。それは、「個」を生きるのではなく、他者との「間柄」を生きているからです。そのため、周囲の人たちとの関係を損ねるような行動は取りにくいのです。

　このような間柄を大切にする自己のあり方は、けっして否定すべきものではありません。海外から来た旅行者たちが日本の店員たちの心遣いや親切さに感激するのも、私たちが海外に行ったときに店員がお客の気持ちや立場を配慮して動かないのを感じ悪く思うのも、私たち日本人が日頃から無意識のうちに、「自己中心」に動かず、「間柄」を配慮しながら動いているからにほかなりません。でも、そうした心理が過剰労働につながり、ときに過労死を生んでしまうのです。

9　新型うつとは

これはうつ病なのか

従来はうつ病というのは生真面目で勤勉で責任感の強い人がなりやすいとみなされてきました。

ところが、最近若い世代に増えているのが、注意されると調子を崩す、仕事中は調子が悪いのに休むと元気になる、会社には行けないのに遊びには行ける、自分がうつであることを公言して義務を免れようとするなど、従来のうつ病の様相とはかなり異なるもので、新型うつと呼ばれたりします。これをうつ病とみなすことには、異論もあります。

ある意味で調子のよい病像であるため、仮病のようにみなされがちですが、本人は仕事場ではほんとうに辛いので仮病とは言えません。

そこには厳しい環境で鍛えられていないということも関係していると考えられます。

たとえば、子どもの頃から厳しい環境で心が鍛えられていれば、頑張ったのに思うような結果につながらないということがあってもモチベーションを維持できるでしょうが、甘い環境で育ち心が鍛えられることがないと、強いストレスを感じ、耐えられない気持ちに襲われます。心が鍛えられていれば、上司や取引先から厳しいことを言われても冷静に受け止められるでしょうが、心が鍛えられていないと、ひどく落ち込み、仕事に行くのが苦痛になり、苦痛な場面から逃げ出したくなって会社を休んでしまったりします。筋トレと同じで、鍛えられていればどうということのない負荷でも、鍛えられていないと耐えがたい負荷になるのです。

そう考えると、厳しく育った中高年世代には何でもないことでも、ほめて育てるといった甘い風潮の中で育った若い世代には、とても耐えがたいストレスになったりするのです。精神科医岡田尊司は、このような新型うつについて、うつ病というよりも適応障害とみなすべきであるとし、うつ病との違いは、ストレスが取り去られると元気を取り戻せる点にあると言います。

励ますのはよくないのか

本来のうつ病であれば、「励ますのはよくない」ということになります。ただし、岡田によれば、このような適応障害は、環境にうまく居場所を見つけ、自分の存在価値を認めてもらうという課題の躓きであるため、「励ますのはよくない」というのは必ずしも当てはまらず、むしろ事態を膠着させてしまうこともあります。

現状を容認して、そのままでいいといった姿勢で対処していては、本人の中に仕事や職場環境への適応力は育っていきません。

そう考えると、ただ休ませれば解決するという問題ではないことがわかります。職場環境への適応のためには、居場所感や存在価値を感じられるようなサポートが必要となります。社会的スキルを身につけさせることも、人間関係を良好にしたり自己効力感を高めたりするので有効でしょう。仕事上の役割をうまくこなせるように導くことも、有効なサポートにな

図表13　良性ストレスと悪性ストレス

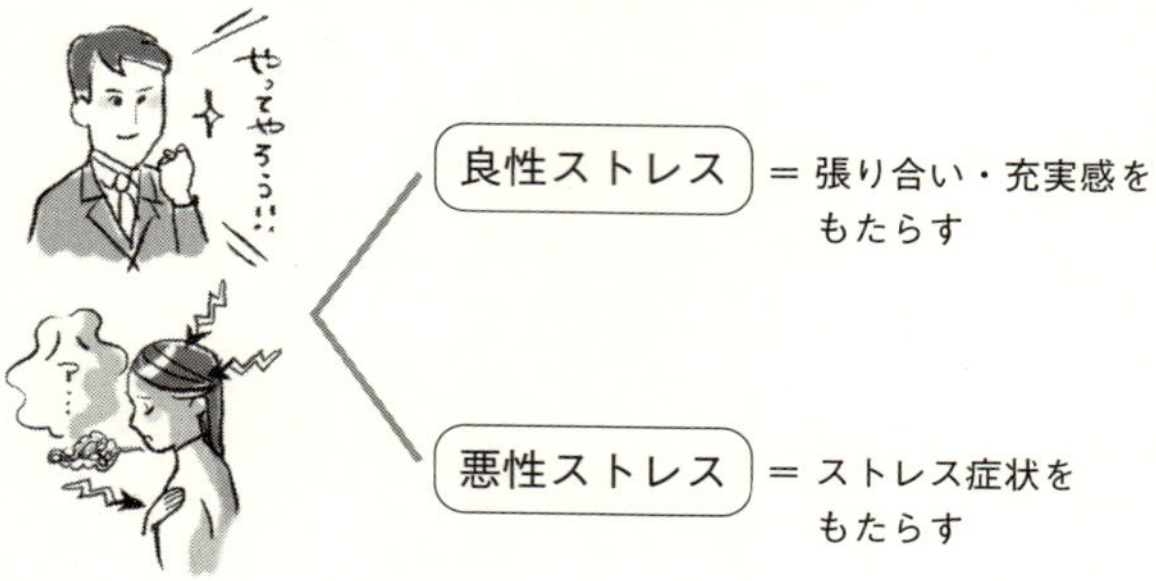
やってやろう!!
ハァ…
良性ストレス
＝張り合い・充実感をもたらす
悪性ストレス
＝ストレス症状をもたらす

ると考えられます。

10　ストレスはない方が良いのか

良性ストレスと悪性ストレス

ストレスというと悪いもののように思われがちですが、良性のストレスもあります。

ストレスの問題を初めて科学的研究に乗せてストレス学説を打ち立てたセリエも、ストレスのメカニズムを解明した成果を一般の人々にわかるように伝える工夫をするのは大きなストレスでしたが、そのストレスに立ち向かっているうちに自分の世界が広がっていったと言います。

そのセリエは、ストレスを良性のストレスと悪性のストレスに分けています。

悪性のストレスは健康を損なうように作用しますが、良性のストレスは健康の維持や増進に役立つように作用します。

また、ストレス学説を発展させたラザルスは、ストレスを害・喪失、脅威、挑戦の3つのタイプに分けています。害・喪失とは、すでに起こった害や喪失のことです。脅威とは、これから起こり得る害や喪失のことです。挑戦とは、利得に到達するまでには多くの困難が予想されるのに、あえて困難に立ち向かおうとすることです。

このなかの挑戦のストレスは、生活に張りをもたらすものであり、良性のストレスと言ってよいでしょう。

私たちは、何の緊張感もない安楽な状況、何もすべきことのない状況に置かれて、果たして満足できるでしょうか。プレッシャーのない状況は気楽ではあっても、張り合いがなく、退屈でしょうがないはずです。人が最も充実し、生きがいを感じるのは、むしろ張りつめた気持ちの中で精一杯頑張っているときです。

定年退職して急に老け込んでしまう人がいますが、それは勤めていた頃のような「すべき仕事」に追われることがないからと言えます。勤めていた頃は、しなければいけないことに追われ大変だったとしても、それが良い意味でのストレスになっており、張り合いを生んでいたのです。

新しい仕事にチャレンジするときも、大きなストレスがかかります。でも、それが張り合いにもなるし、充実感にもつながります。叱られたり、ライバルに負けたりして悔しい思いをするのもストレスですが、その悔しさをバネにして力をつけるということもあります。

こうしてみると、ストレスを良性のストレスと悪性のストレスに明確に分けられるものではないこともわかります。仕事の忙しさによるストレスも、受け止め方や発散の仕方によって、悪性のストレスになったり、良性のストレスになったりするのです。慣れない仕事をする際のストレスも、受け止め方によって、悪性のストレスにも良性のストレスにもなり得ます。叱られたときのストレスも、受け止め方や発散の仕方によって、悪性のストレスにも良性のストレスにもなり得るのです。

その決め手となる受け止め方や発散の仕方については、第3章で詳しく解説します。

できる人ほどストレスが多い

ストレスはない方が良いというわけではないというのは前項で説明したとおりですが、仕事ができる人ほど良性ストレスも悪性ストレスも高くなりがちなところは要注意です。目の前の課題に必死に立ち向かうときにストレスがかかります。それは仕事生活に張りを与えるから良性ストレスとみなすことができます。ただし、無理をしすぎると、同じ行動を取っていても悪性ストレスになっていきます。これは仕事ができる人にありがちな傾向と言えます。

反対に、仕事に一心不乱に集中することのない人、仕事に対する姿勢がいい加減な人は、いつも気楽です。良性ストレスにも悪性ストレスにも無縁と言えます。良性ストレスがないから仕事生活から充実感を得ることもない代わりに、無理をしないため悪性ストレスもないのでストレス症状に悩まされることもありません。

このようなタイプの場合、本人は張りのなさを我慢できればそれでもいいわけですが、仕事を一緒にする人たちからすれば、迷惑な存在になります。本人は気楽でいいとしても、その気楽さは無責任につながりやすいからです。責任感が強い人ほど仕事がストレッサーになりますが、どうでもいいと思っていれば仕事はストレッサーにはなりません。

たとえば、このままのペースでは納期に間に合わないという状況で、「間に合わなかったら大変だ」と思う人はストレスを強く感じるでしょうが、その分必死になって納期に間に合わせようとペースを上げて頑張ります。それに対して、「間に合わないものはしようがない」と呑気に構える人は無理をしないためストレスを感じずにすむでしょうが、結果として周囲に迷惑をかけることになってしまいます。その意味では、無責任な人ほどストレスとは無縁で、仕事をきちんとこなす人ほどストレスを感じることが多いと言えます。

ストレスを避けるためには無理は禁物と自分に言い聞かせて気楽に構えようとしていても、仕事に対するモチベーションの高い人は、仕事生活で充実感が得られなければ虚しさを感じるし、仕事面で成果を出せなければ自己嫌悪に陥るし、それがまたストレッサーになってしまいます。

そう考えると、ストレスを感じないように気楽に構えるのがよいとは必ずしも言えないことがわかるでしょう。そこで重要になるのがストレスコーピングです。具体的なコーピングの方法については、第3章で改めて具体的に解説します。

第3章　ストレスに潰されないための具体的な対処法

1　認知的評価の問題

ストレスに弱いと損をする

人生というのは個人がコントロールできるものではありません。必死に頑張ったのに、成果につながらない。自分なりに成果を出すことができたと思ったのに、ライバルがもっと大きな成果を出したため、評価につながらない。会社の業績が低迷しているため、ちゃんと働いているのに給料が下がっていく。まじめに会社のために働いてきたのに、リストラによって関連会社に行かされる。やりがいを求めて転職したのに、予想に反して前よりもやりがいが感じられない。このように、なかなか思い通りにならないのが人生です。

ゆえに、人生からストレスを取り除くなどというのは不可能な話です。生きていれば、必ずストレスがのしかかってきます。そこで重要となるのが、ストレス耐性を高めることです。

逆境に追い込まれたときもへこたれずに、「何とかなる」「負けてたまるか」と頑張れる人は、壁を乗り越えることができる可能性が高く、追い込まれるたびにパワーアップしていきます。いわば失敗や挫折によるストレスをエネルギー源にするかのように、失敗経験や挫折経験を糧にして成長していけます。

一方、逆境に追い込まれたときに、「なんでうまくいかないんだ、やってられないよ」「こんなに頑張ってるのに、もう嫌だ」などと落ち込んだり嘆いたりしがちな人は、頑張るエネルギーが湧いてこないため、逆境をバネにすることができません。これでは仕事で成果を出すこともできないし、充実した仕事生活も手に入りません。

ストレス反応が出やすい人と出にくい人――違いは認知的評価

同じような状況でも、切羽詰まったような感じになってひどいストレス症状が出る人もいれば、余裕が感じられストレス反応とは無縁の人もいます。同じような失敗をしても、「取り返しのつかないことをしてしまった、どうしよう」とパニックになる人もいれば、「どうしたら挽回できるだろうか」と失点を補う方法を冷静に考えたり、「同じ失敗を繰り返さないようにしなくちゃ」と前向きに気持ちを引き締める人もいます。同じようなことを言われても、真っ赤になって怒る人もいれば、たいしたことないといった感じで聞き流す人もいます。

何が違うのでしょうか。それは、ものごとの受け止め方、つまり認知的評価のクセが違うのです。

たとえば、仕事でノルマを達成できなかったとき、「ダメだなあ、こんなんじゃ将来はないな。きっとこの仕事は向いてないんだ」と悲観的に受け止める人は、ネガティブな認知的評価がクセになっているのです。ポジティブな認知的評価の習慣が身についている人なら、「もっと工夫して、次はノルマを達成しないと」などと、前向きに受け止めることができます。

上司から怒鳴られて、「そんな言い方しなくたっていいじゃないか。ムカつくな」とキレ気味になり、やる気をなくす人は、ネガティブな認知的評価のクセをもつ人です。ポジティブな認知的評価の習慣が身についている人なら、「言い方がいつもきついよなあ。管理職も大変なんだろう。とにかく同じミスをしないようにしなくちゃ」などと冷静に受け止め、モチベーションを維持することができます。

こうしてみると、ポジティブな認知的評価の習慣を身につけることが重要だということがわかるはずです。

その他にも、第2章の基本的なストレス理論の図表4（33ページ）で示したように、ストレスコーピングやソーシャルサポートも、ストレス反応を左右する要因となりますが、まずは認知的評価からみていくことにしましょう。

2　楽観的な説明スタイルを身につける

説明スタイルが成否を分ける

ストレス反応を防ぐためには、ものごとを前向きに受け止めることが大切です。そのためには、ポジティブな認知的評価の習慣を身につけることが必要となります。では、ポジティブな認知的評価のコツは何か。そこを追求したのがポジティブ心理学の提唱者セリグマンです。

セリグマンによれば、ものごとを楽観的に受け止める人は悲観的に受け止める人と比べて、勉強でも仕事でもスポーツでも成績が良く、うつになりにくく、感染症などの病気にもかかりにくく、寿命も長いことがわかっています。

そこでセリグマンは、ものごとの受け止め方に着目しました。成功と失敗を分ける要因として、才能や意欲が重視されがちですが、セリグマンは第3の要素として楽観的なものの見方の重要性を強調します。

たとえば、営業の仕事をこなすには、いくら断られても諦めたり落ち込んだりせずに粘り抜く心が必要ですが、そのような心が最も強く求められる仕事として生命保険の外交員があ

図表14　説明スタイルの3つの次元

ネガティブな出来事や状況に対して

一時的・特定的・外的にとらえる	→	楽観的な説明スタイル
永続的・普遍的・内的にとらえる	→	悲観的な説明スタイル

永続性…その出来事や状況がこの先も長く続くと思うか、一時的なものと思うか

普遍性…その出来事や状況を特定化するか、普遍化するか

個人度…その出来事や状況を自分のせいにするか、他人や状況など自分以外の要因のせいにするか

ります。熱心に勧誘しても断られることの方が圧倒的に多い仕事と言えます。セリグマンは、生命保険の外交員のような仕事でこそ、底抜けの楽観主義者が成功すると言います。

楽観主義が威力を発揮するのは、ノーと言われたときです。何軒かで断られると、悲観的な外交員は、「こんなにコミュニケーション能力がないんじゃうまくいくわけないな」「僕には営業は向いてないんだ」などと自分の能力や適性を否定したり、「ダメだ、これじゃ契約なんて取れない」「どこでも門前払いなんだから、うまくいくわけない」などと悲観的な見通しをもってしまいます。そうなると気持ちが萎えてきて、

電話をしたり訪問したりする意欲がなくなります。その結果、訪問数がどんどん減っていき、ますます契約が取れなくなります。

それに対して、楽観的な外交員は、電話で訪問を断られたり、訪問先で門前払いされたりしても、「たまたま忙しいときに当たっちゃったんだろう」「ちょうど食事時だったかもしれないし」などと状況のせいにしたり、「もう保険に入っているといっても、目一杯入ってる人は少ないから、攻略の余地はあるはずだ」などと可能性に目を向けたりします。そうするとまた電話したり訪問したりする気力が湧いてきて、結果的に契約が取れるチャンスが膨らみます。

このような心理メカニズムと成果の関係に気づいたセリグマンは、成功するにはけっして諦めない粘り強さが必要であり、楽観的な説明スタイルが粘り強さのカギになると考えました。

説明スタイルというのは、何かが起こったとき、その出来事について心の中で自分自身に説明する習慣化したスタイルを指します。いわば、物事の受け止め方のクセのことです。

セリグマンは、ある生命保険会社の外交員を対象に説明スタイルをチェックする楽観度テストを実施し、その1年後に仕事の状況や実績を調べました。

その結果、楽観度テストの得点が平均以下の人は、平均以上の人と比べて、離職率が2倍になっていました。また、下位4分の1に入る人は、上位4分の1に入る人の3倍もの離職率になっていました。さらに、楽観度テストの得点が平均以上の人は、平均以下の人よりも、20％多く保険契約を取っていました。そして、上位4分の1に入る人は、下位4分の1に入る人よりも、50％多く契約を取っていました。

このように楽観的な人の方が、厳しい仕事でも離職率が低く、実際に成果も出していることが確認されました。

こうして、ものごとの受け止め方がどれだけ楽観的かを知ることで、だれが生き残るかを予測することができ、またたれが多く契約を取ってくるかも予測することができることがわかったのです。認知を鍛えると、ストレスに負けないだけでなく、成果を出すことができるというわけです。

認知を鍛えるコツ——楽観的な説明スタイル、悲観的な説明スタイル

では、楽観的な認知スタイルを身につけるにはどうしたらよいのでしょうか。そのコツを知るためには、楽観的な人の説明スタイルと悲観的な人の説明スタイルを比較してみるのが

手っ取り早いでしょう。

困難な状況でもけっして諦めないのはどのような人かについての研究において、セリグマンは、永続性、普遍性、個人度という3つの認知の次元を抽出し、それによって楽観的な説明スタイルと悲観的な説明スタイルを特徴づけています。

ものごとが思うように進まないときや望ましくない結果が出たときなど、楽観的な人は、一時的、特定的、外的にとらえる認知のクセがあります。これはポジティブな説明スタイルと言えます。それに対して悲観主義者は、永続的、普遍的、内的にとらえる認知のクセがあります。これはネガティブな説明スタイルと言えます。

その3つについて、具体的にみていくことにしましょう。

①永続性…その出来事や状況がこの先も長く続くと思うか、一時的なものと思うかということ

たとえば、だれかから感じの悪い態度を示されたときや、頑張ったのに成果が出せなかったときなど、悲観的な人は、「あの人はいつも感じが悪い」「頑張ったところで、どうせうまくいくはずがない」というように、悪いことを「いつも」とか「どうせ」といった言葉で考え、いつまでも続くと思う傾向があります。これが悲観的な説明スタイルになります。

それに対して楽観的な人は、「あの人はときどき感じの悪いときがある」「最近どうもうまくいかない」というように、「ときどき」とか「最近」というような言葉で考え、状況を限定し、悪いことは一過性であるとみなす傾向があります。これが楽観的な説明スタイルになります。

ストレスフルな出来事や状況を一時的なものとみなせば耐えられますが、永続的なものとみなすと耐えがたい思いに襲われます。

②普遍性…その出来事や状況に対して、それを特定化するか、普遍化するかということ

たとえば、ずるい経営者に痛い目にあわされたときや調子の良い業者に迷惑をかけられたときなど、悲観的な人は、「経営者なんて汚いヤツばかりだ」「業者なんてみんなそんなもんだ」というように、「……ばかり」「みんな」といった言葉で考え、悪い出来事を普遍化しがちです。これが悲観的な説明スタイルになります。

それに対して楽観的な人は、「あの経営者は信用できない」「あの業者は口先だけ調子の良いことを言う」というように、「あの」といった限定的な言葉で考え、悪いことを普遍化せず特定の要因で説明しようとする傾向があります。これが楽観的な説明スタイルになります。

ストレスフルな出来事や状況を特定化すれば希望ももてますが、普遍化してしまうと絶望的な気持ちになります。

③個人度…何かが起こったとき、それを自分の内的要因のせいにするか、他人や状況など自分以外の要因のせいにするかということ

たとえば、仕事がうまくいかず、なかなかノルマを達成できないとき、悲観的な人は、「僕は無能な人間だ」「私には営業の適性がないみたいだ」というように自分の内的要因のせいにする傾向があります。これが悲観的な説明スタイルになります。

それに対して楽観的な人は、「だれも教えてくれないんだから仕方ない」「このところついてないんだ」というように外的要因のせいにする傾向があります。これが楽観的な説明スタイルになります。

ストレスフルな結果や状況を人のせいにしたり不運のせいにしたりすれば落ち込みも防げますが、自分のせいにするとどうしても落ち込みやすくなります。

このような説明スタイルは、いつの間にか身に染みついており、自動思考のように無意識のうちに頭の中を駆けめぐります。

セリグマンは、説明スタイルは訓練することで改善可能だとしています。

右にあげた例を参考に、もし自分にはネガティブな説明スタイルが染みついてしまっていると感じる場合は、ネガティブな出来事や状況に直面したときに、「一時的」「特定的」「外的」を意識して、少しでも悲観的な認知のクセを直すように心がけましょう。

・悪い状況がいつまでも続くような永続視をやめて、そのうち事態が好転するだろうと考える

・自分は能力がないとか仕事ができないとか一般化せずに、どんなスキルが足りないか、どんな知識が不足しているかというように特定化するように意識する

・あまり自分の内的要因ばかりを深刻視せず、外的要因にも目を向ける

この3点を意識することで、ストレスに強い説明スタイルへと思考の習慣を変えるようにしましょう。

3　認知行動療法とは

認知行動療法の原理

認知行動療法では、問題となる心理状態や行動、たとえばストレス症状などは、ストレッサーとなる出来事によって必然的に生じるのではなく、不適切な受け止め方、つまり認知の

図表15　認知行動療法の原理

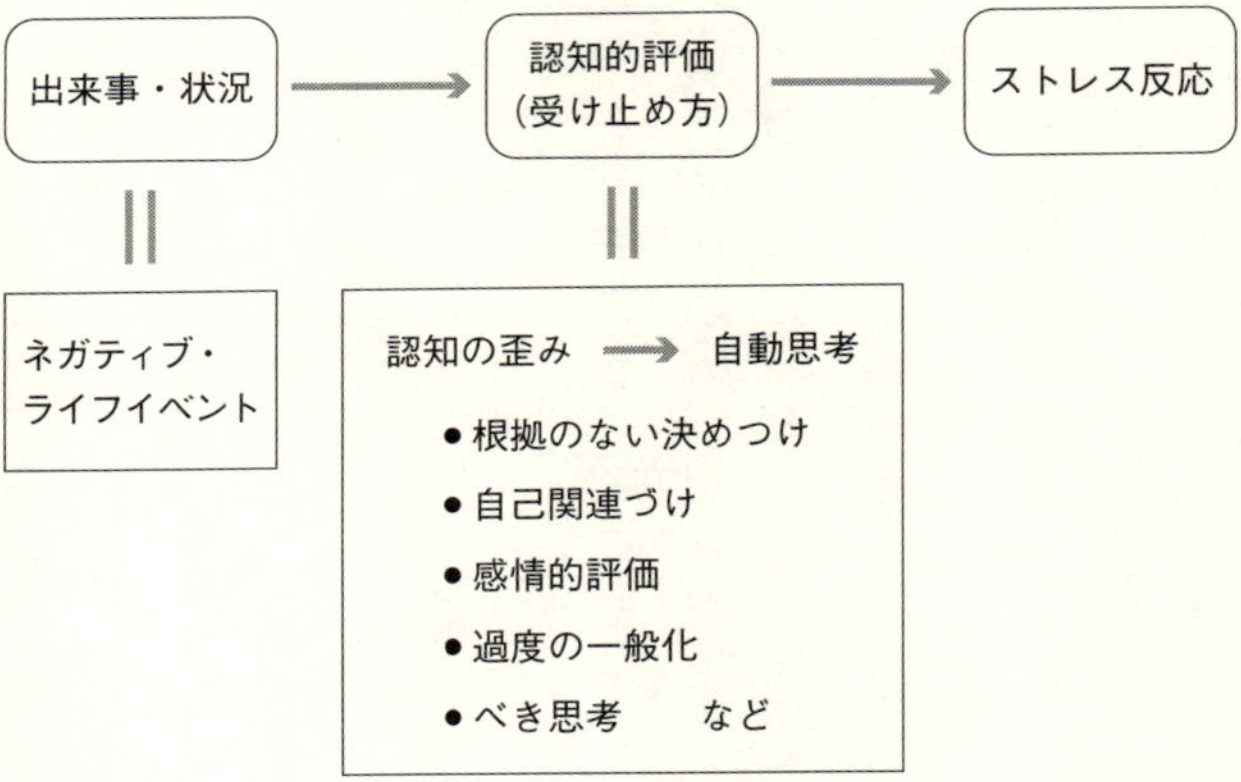

歪みによって生じると考え、認知の歪みを改善することによって問題を解決しようとします。

図表15は、その大まかな原理をわかりやすく示したものです。

認知の歪みの実例と、その修正の仕方

認知の歪みには、「根拠のない決めつけ」「自己関連づけ」「感情的評価」「過度の一般化」「べき思考」などがあります。こうした認知の歪みが、不適切な自動思考を活性化し、その結果としてストレス反応が出やすくなるのです。ゆえに、ストレス反応を軽減するためには、認知の歪みを正すことが必要となります。

たとえば、上司に怒鳴られたとき（ネガティブ・ライフイベント）、「やらかしちゃった、気

をつけなくちゃ」（適切な認知的評価）と冷静に受け止めることができる人は、とくにストレス反応が出たりしませんが、「ひどすぎる」（感情的評価）、「きっと嫌われてるんだ」（根拠のない決めつけ）などと歪んだ認知をする人の場合は、やる気をなくすばかりでなく、イライラしたり、うつ的な気分になったりというようにストレス反応が出やすくなります。

営業ノルマを達成できないときなども（ネガティブ・ライフイベント）、「こんなに景気の悪いときに売れるわけない」（根拠のない決めつけ）と思ったり、「私には営業は向いてないんだ」（根拠のない決めつけ＋過度の一般化）と思ったりすることで、「どうせ無理だ」（自動思考）とヤケになり、やる気をなくしてイライラしたり、落ち込んだりする（ストレス反応）人がいます。でも、同じ状況でもノルマを達成している人がいることに目を向け、営業のやり方を工夫すれば売り上げが伸びるはずと考えれば、「何とかなる」という思いになり、イライラすることも落ち込むこともなく、やる気も出てくるはずです。

人事評価が思わしくないときなども（ネガティブ・ライフイベント）、「上司から嫌われてるんだ」（根拠のない決めつけ）と思うと、「頑張ってもムダだ」（自動思考）と開き直り、不満を溜め込み、やる気をなくしていきます（ストレス反応）。上司からどう思われているかなど考えてもよくわからないので、そこにはこだわらずに、自分に足りない点はどこだろうと振り返れば、改善・向上すべき点が見えてきて、「もっと力をつけないと」と前向きになれるはずです。

上司の機嫌が悪いときも（ネガティブ・ライフイベント）、「きっと私のことを怒ってるんだ」（根拠のない決めつけ＋自己関連づけ）と思い込んだりすると、「自分はいつも人をイラさせてしまう」（自動思考）とミスをした自分を責め、落ち込んでいきます（ストレス反応）。そんなときも、上司の機嫌と自分をむやみに関連づけたりしなければ、もっと淡々と仕事に向かえるはずです。

仕事でミスをするたびに（ネガティブ・ライフイベント）、「私はほんとに何をしてもダメだ」（過度の一般化）と思えば、「私は仕事に向いてないんだ」（自動思考）と悲観し、落ち込みます（ストレス反応）。そうした過度の一般化をしなければ、気をつけるべき点を肝に銘じることでミスを減らしていくことができるはずです。

営業成績が同僚より悪かったときや取引先を怒らせてしまったときなども（ネガティブ・ライフイベント）、「自分は人より優秀であるべきだ」「失敗すべきでない」（べき思考）といった思いが頭の中にあると、「こんなんじゃダメだ」「これじゃ見捨てられてしまう」（自動思考）というように自分を責め、落ち込んでしまいます（ストレス反応）。べき思考を緩めることで、「もっと頑張らなくちゃ」「今度は怒らせないように気をつけよう」と前向きになれるはずです。

このように自分のクセになっている認知の歪みに気づき、それを修正していくことで、ストレス反応につながりやすい自動思考の発生を防ぐことができ、ストレスに強い心に変えていくことができます。

もちろん、ここで例としてあげた自動思考は、すべてが悪いわけではありません。たとえば、「こんなんじゃダメだ」という自動思考も、それによって落ち込む人だけでなく、「こんなんじゃダメだ、何とかしなくちゃ」と発憤する人もいます。ストレス反応がみられる場合に、認知の歪みがどこかにないかチェックするのが有効だという意味です。

どんなときにストレスを感じるか

自分がストレスを感じやすい状況を知ることが、ストレスに強い心をつくるための基本となります。まずは、自分はどんな状況でストレスを感じやすいかを振り返り、気づきを得ることが大切です。

たとえば、自分は仕事を任されると非常に強いストレスを感じるということに気づいたとします。そのとき、どんな思いになりやすいかを振り返ってみます。そこで、人から仕事を任されたり、慣れない仕事をしたりする際に、「失敗したらどうしよう」と不安になることがわかった場合、プレッシャーがかかる場面ですぐに頭に浮かぶ「失敗したらどうしよう」という思いが自動思考です。

次に、なぜいつも「失敗したらどうしよう」と不安で仕方なくなるのだろうと考えていくと、その背後に「失敗すべきでない」という「べき思考」が潜んでいることがわかります。だれでも失敗はしたくはありませんが、人生に失敗はつきものだし、失敗したことのないような人はいないはずです。それに、失敗を怖れていたら、守りの姿勢しか取れず、チャレンジなどできないでしょう。したがって、この「べき思考」は非合理的な信念ということになります。

そこで、この非合理的な信念を修正する、より適切なものに書き換える必要があります。たとえば、「失敗しないに越したことはないが、失敗したらそれを教訓に、同じ失敗を繰り返さないようにすれば力がついていく」といった思いを込めて、「失敗したら、次に活かすことが大切だ」という合理的な信念に書き換えればよいでしょう。そうすれば、「失敗したらどうしよう」といった不安に脅かされることがなくなり、伸び伸びと仕事に向かえるようになるはずです。

このように、ストレスがかかったときに、すぐに頭に浮かぶ考え、いわゆる自動思考を見つけ出し、その背後にある歪んだ認知を修正することで、ストレス反応を軽減することができます。いわば、ストレスに弱い認知傾向をストレスに強い認知傾向に修正していくことで、打たれ強い心をつくることができるのです。

認知療法でも用いられるマインドフルネス

マインドフルネスとは、価値判断することなく、今この瞬間に意識を集中すること、つまり、自分自身の今現在の経験に対して開かれている意識状態のことです。マインドフルネスの実践により、集中力の向上、病気に対する免疫力の向上、対象喪失（大切な人やものを失うこと）によるダメージの軽減、ネガティブ感情の減少とポジティブ感情の増加、勉強・仕事・スポーツなどの成績の向上といった効果があることがわかっています。マインドフルネスは、ストレスをなくす目的でも使われています。

元々は禅などの東洋的な瞑想から発展してきたもので、スピリチュアルなものとして偏見をもたれることもありましたが、最近では科学的な証拠も示されており、心理療法やビジネス研修などでも用いられるようになっています。

とくにストレスとの関連で言えば、瞑想法を用いて「今、ここ」の瞬間に集中することにより、自分を縛っている観念や信念に距離を置き、ネガティブな思考のループから抜け出すことをめざします。

ストレスに苦しむような状況では、往々にして、自分自身が無意識のうちに自分が設定した思考の枠組みに縛られているものです。たとえば、「これができないようではダメだ」というような。その枠組みから抜け出すことができれば、自分を取り巻く状況の見え方が違ってきます。自分を苦しめている思考が、じつは非現実的なものであったり、極端なものであったりすることに気づけば、ネガティブな感情から解放され、気持ちが楽になり、ストレスが軽減されます。

その際、「することモード」でなく「あることモード」に徹するようにします。「することモード」とは、こうしないといけない、まずはこれをしておかないとなどと、頭で考え、能動的に動こうとする際の心のあり方です。一方、「あることモード」とは、頭であああだこうだ考えるのはやめて、今経験していることをあるがままに受け入れ、感じ取る心のモードです。

マインドフルネスによるストレス低減法では、「今、ここ」の体験に集中し、それをあるがままに受け入れることで、ストレスとなっている無用な苦悩から解放されることをめざします。たとえば、「こうあるべき」「こうすべき」というように自分の思いにとらわれることで不満や不快感、怒りや焦りが生じ、それがストレスとなります。自分を苦しめているのが、じつは事実ではなく自分の思考であることに気づけば、とらわれから解放されます。

4　対人不安を克服する

未熟な自分、思い通りにいかなかった過去を受容する

職場の人間関係のストレスに代表される対人ストレスを感じやすい人の特徴として、神経過敏でちょっとしたことで傷つきやすいということがあります。傷つきやすい人は、概して自己受容ができていません。ここから、対人ストレスに強くなるためには、自己受容することが有効とわかります。

自己受容は、自分に心から満足したり、自分は完璧だと思ったりすることではありません。そんなにハードルが高かったら、ほとんどだれも自己受容などできないでしょう。自己受容

というのは、長所だけでなく短所もあるのが自分だと受け入れること、未熟ながらも頑張っている自分を認めることです。

自己受容ができていれば、否定的なことを言われたり、イヤな態度を取られたりしても、「世の中にはいろんな人がいるし、気にしてもしようがない」「きっと虫の居所が悪かったんだろう」などと軽く受け流すことができるため、それほどダメージにはなりません。

ところが、自己受容ができていないと、「自分はダメだ」という自己否定的な思いが心の奥底にあるため、人からきついことを言われたり、否定的なことを言われたり、嫌な態度を取られたりしたとき、軽く受け流すことができずに「やっぱり自分は嫌われてるんだ」と落ち込んだり、「バカにされてるんだ」と腹を立てたりしがちです。

現在や過去の評価と対人不安との関係を検討するために私が行った調査研究において、過去の評価が高いほど、また現在の評価が高いほど、対人不安意識が弱いことが示されていました。つまり、過去および現在の自分を高く評価できないことが対人不安と関係しています。対人不安意識は、現在だけでなく過去の評価の低さとも関連していたのです。

また、過去への態度と対人不安の関係についても検討した結果、自分の過去にとらわれ、よく後悔し、消したい過去があり、過去をよく思い出し、思い出すととても嫌な気分になる出来事があり、過去に戻りたいと思い、書き換えたい出来事がある人ほど、対人不安意識が強いことがわかりました。また、自分の過去に満足しており、自分の過去が好きで、明るい思い出が多い人ほど対人不安意識は弱いこともわかりました。

つまり、自分の過去に対して肯定的なほど対人不安意識は弱く、否定的なほど対人不安意識は強くなっていたのです。ゆえに、対人不安を克服するには、人生いろいろあるものだと、ある意味では開き直って、自分の過去に対する拒否的態度やとらわれから解放されるべく、思い通りにならなかった嫌な出来事や嫌な時期も含めて自分の過去を素直に受け入れることが必要と言えます。

よく見られようと意識しすぎない

対人ストレスを感じやすい人は、必要以上に人に対して気を遣いすぎるということがあります。それには自己受容ができていないことが関係していますが、要するに人からどう思われるかを気にしすぎるのです。

たとえば、初対面の人や、それほど親しくない人とやりとりしているときに不安が高まるだけでなく、これから会うと思っただけで不安が高まってきます。どう挨拶すればいいんだろう、どんな風にしゃべればいいんだろう、何を話せばいいんだろう、好印象を与えることができるだろうかなどと、考えれば考えるほどわからなくなり、焦りが募ります。このように対人ストレスを感じやすい人、つまり人からどう見られるかが気になって自由に振る舞うことができず苦しいという人は、「よく思われたい」という思いが強すぎるのです。

人の目が気になり、人づきあいにも気を遣いすぎて疲れ、人と会う際にものすごく不安になる人、つまり対人不安が強い人は、概して人からよく見られたいと思いすぎるのです。人は他人のことはなかなかわからないものです。このことを踏まえていれば、人から思うような評価が得られなくても、誤解されるようなことがあっても、そんなに落ち込まなくてすむでしょう。対人不安の強い人は、他人に期待しすぎるのです。

日本人はだれもが対人不安を抱えている

もうひとつ自覚しておきたいのは、じつは日本人のほとんどが対人不安を抱えているということです。そのことを知っておくだけでも気持ちがラクになるはずです。

実際、対人不安の強い人たちに、それはだれもが抱える心理なのだと話すと、

「対人不安はみんなが抱えていると知ってビックリした。私は昔からそのような不安が強

かったので、救われた」

「うまくしゃべれるかな、好意的にみてもらえるかなっていう不安で人づきあいに消極的になるっていうのは、まさに自分のことです。でも、多くの人が対人不安を抱え、悩んでいることがわかって、少し気が楽になりました」

「自分だけじゃなくて相手も対人不安を抱えているんだって言われて、そういえば私が声をかけると嬉しそうな顔をしてくれることが多いのを思いだした。これからは相手の不安を和らげることを意識して、積極的に声をかけていきたい」

といった反応があります。

「間柄の文化」で自己形成をしてきた日本人は、人の目を気にせずにはいられないため、だれもが多かれ少なかれ対人不安を抱えているのです。

そのことを踏まえ、自分の不安より相手の不安を和らげることに目を向けること、そして実際以上によく見られたいなどと思わないで、ありのままの自分をわかってもらえればいいと思うこと、それができるようになれば、気持ちもラクになり、対人ストレスも軽減されるでしょう。

5　仕事を意味づけることでストレス耐性が高まる

意味を考えることでストレスに強くなる

簡単に打開策が見つからないような厳しい状況に追い込まれたときに、ストレスに強い人とストレスに弱い人の違いが顕著にあらわれます。

ストレスに弱い人は、「どうにもならない、もうイヤだ」「なんでこんなことになるんだ、もう耐えられない」と落ち込んだり嘆いたりするばかりで、建設的な行動を取ることができません。

それに対して、ストレスに強い人は、「今は試練の時だ」「ここを切り抜ければ、自分も一皮むけて成長できるはず」といった前向きの受け止め方をするため、頑張り抜くことができます。その結果、苦しい状況を脱せる可能性が高まります。

苦しい状況を何とか抜け出せた後も、ストレスに弱い人とストレスに強い人では振り返り方に大きな違いがみられます。ストレスに弱い人は、苦しかった時期をただイヤな時期だったとしか思えません。思い出すと嫌な気分になるだけなので、振り返ることをしないため、苦しかったときの経験を活かすことができません。失敗や追い込まれた経験から何も学ばないため、似たような失敗を繰り返すことになります。

一方、ストレスに強い人の場合は、ネガティブな出来事や苦しい状況からも何か学ぶことがあると考えるため、教訓を求めて振り返り、どんな経験からも学ぶことができます。たとえば、苦しくて辛かった時期についても、「あの困難な状況を経験したお陰で、自分も大きく成長できた」「あれがなかったら、自分はひ弱で考えが甘い人間のままだっただろう」「あそこを何とか乗り越えられたのが大きな自信になってる」などと、前向きに振り返ることができます。

どんな経験にもポジティブな意味を見出そうとする。それがストレスに強くなるためのコツと言えます。

仕事をどう意味づけるか

自分の人生に意味が感じられないことほど虚しいことはありません。どんなにささやかな人生であっても、そこに何らかの意味を感じたい。そう思うものです。それなのに自分の人生に意味が感じられないとき、大きな虚しさに襲われます。それは深刻なストレスとなります。

人間は意味を求める存在であると言ったのは、精神科医フランクルです。そして、意味を求める欲求が満たされないことが現代人にとっての最も深刻な問題だと指摘しました。

現代人の多くは日々の生活に意味が感じられず、意味への欲求不満を抱えている。自分自身を振り返ると虚しさに襲われるので、娯楽やセックスやアルコールにうつつを抜かして、虚しさに直面しないようにごまかしている人が多い。そのようなフランクルの指摘は、どこかに虚しさを抱えている多くの現代人の心に強く響くはずです。

働いている人たちにとっては、とくに自分の仕事生活に意味が感じられるかどうかは、とても重要な問題です。意味を感じることができれば、よほど過酷な状況でないかぎり耐えることができます。日々の仕事生活に意味を感じることで、ストレス耐性は高まります。

それに対して、自分のしている仕事に意味が感じられないときは、毎日の生活が非常に虚しく感じられ、気力が湧いてきません。それでは仕事のストレスに耐えるのは難しいし、そもそものような状況そのものが非常にストレスフルです。

そこで大切なのは、自分のしている仕事にどんな意味を与えるかということです。人によって、さまざまな意味があり得ます。

自分のしている仕事にどんな意味を与えることができるか、これらの意味のリストをヒン

図表16　仕事に与えることのできる意味のリスト

①生活の糧を得る
②人の役に立つ・世の中の役に立つ
③家族を養う
④豊かな暮らしをする
⑤充実した時を過ごす・何かに没頭する
⑥達成感を得る・何かを成し遂げる
⑦自分を活かす・自分の能力を発揮する
⑧新たな価値を生み出す・新しいものを創造する
⑨自分を鍛える・自分を成長させる
⑩仲間との一体感を得る・居場所をもつ
⑪競争に勝つ・ライバルに勝つ
⑫出世する・名声を得る
⑬権力を得る・人や組織を動かす
⑭将来の安心を得る

トに考えてみましょう（図表16）。

元々仕事というのは、生活の糧を得るための手段と言えます。いわば、食べていくために働くのです。でも、社会が豊かになるにつれて、私たちは贅沢になってきました。より贅沢な欲求をもつようになったのです。

ただ食べていくだけのために生きているなんて虚しい。それじゃ、動物と同じだ。もっと別の意味がほしい。そんな思いが、人々を駆り立てます。物質的に豊かな時代になったこともあり、ただ生活の糧が手に入るだけで満足できる時代ではなくなったのです。

　仕事に意味を感じるうえでとくに重要なのは、だれかの役に立っている、世の中の役に立っているという実感です。そのように感じることができれば、仕事にもやりがいを感じます。生活の糧を得るために働くというと、その仕事は自分のためだけにしているといった感じになります。それに対して、自分の仕事はだれかの役に立っている、自分の仕事によって社会に貢献することができると思えれば、仕事に社会的意義を感じることができます。それが仕事のストレスへの耐性を高めてくれます。

　また、自分を活かしたいという思いを多くの人がもつようになり、仕事は自分を活かすための手段といった位置づけになってきたということもあります。その意味では、仕事をすることで自分の能力や個性をどう活かしたらよいかを考えてみることも、仕事の意味づけに役立つでしょう。

　図表16にあげた「仕事に与えることのできる意味のリスト」を見ながら、自分のしている仕事をどう意味づけることができそうか、考えてみてください。

図表17　認知的複雑性とストレス耐性

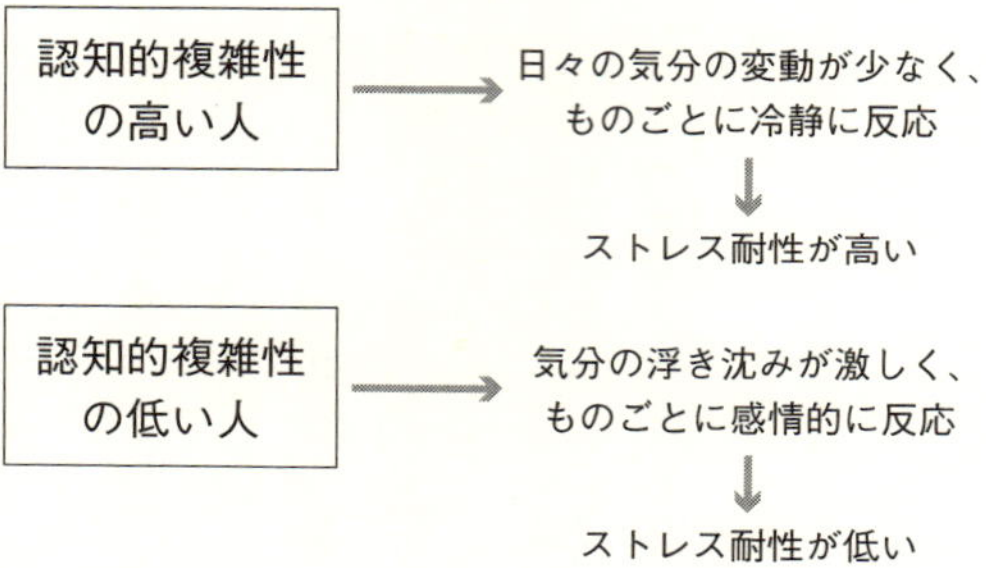

6　認知的複雑性を高める

ストレスと認知的複雑性

ストレスとの関連で注目すべきは、認知的複雑性です。

認知的複雑性とは、ものごとを単純に受け止めるか、複雑に受け止めるかということです。言い換えれば、物事を一面的にしか見ることができないか、いろんな角度から多面的に見ることができるかということです。そして、認知的に単純な人はストレスの影響を受けやすいことがわかっています。

ものごとを白黒つけたがる人、他人に対する評価がコロコロ変わる人は、認知の単純な人、つまり認知的複雑性の低い人と言えます。日々の生活の中では、良いことも起これば嫌なことも起こります。認知的複雑性の低い人は、良いことがあれば有頂天になり、嫌なことがあれば沈み込み、気分の浮き沈みが激しい傾向があります。人から嫌なことを言われたりすると、ひどく傷つき、怒ったり落ち込んだりします。ちょっとしたことで気分がガラッと変わります。

それに対して、認知的複雑性の高い人は、日々の気分の変動が少ないことがさまざまなデータで裏づけられています。いちいち一喜一憂しない冷静さは、ものごとを多面的に見ることができることと関係しています。人から嫌味を言われても、あまり感情的になることなく、「何か嫌なことがあったのかな」「コンプレックスを刺激しちゃったかな」などと軽く受け流すことができます。認知の複雑さがストレスに対する抵抗力に関係しているのです。

心の中にクッションをもつ

ストレス反応の出やすい人の特徴として、すぐに感情的になりやすい心理傾向があります。心の中にクッションをもたないのです。心の中にクッションがあれば、嫌なことがあって気持ちが揺れても、その揺れをクッションが吸収するため、ひどく落ち込んだりイライラしたりと感情的になることがありません。

一方、心の中にクッションがないと、ちょっとでも嫌なことがあると、その衝撃で心に激震が走るため、すぐにパニックになり、大騒ぎしたり、攻撃的な反応をしたり、ひどく落ち込んだりすることになります。このように心の中にクッションをもたないことが、ストレス耐性の低さにつながっているのです。

では、どうして心の中にクッションがないのでしょうか。それは、認知が単純すぎるからです。認知というのは、わかりやすく言えばものの見方のことです。ものごとを複雑に見ることができない、いわば多面的に見ることができないことが、クッションの欠如につながっているのです。ものごとを多面的に見る習慣がないため、一度悲観的な思いに駆られると、他の見方ができなくなり、行き詰まってしまいます。

たとえば、取引先へのプレゼンを担当したのに受注できなかったときなど、「なんでうまくいかないんだ。才能ないのかもしれないな」と悲観的な思いになると、気持ちの切り替えがきかなくなりがちです。

「見せ方の工夫が足りないのかな。もっと工夫しないといけないな」「もうひとひねりした提案ができるように、発想力を鍛えないと」というように、別の見方に切り替えられないのです。

そのため、「この仕事は自分には向いてないんだ」などと自己否定し、落ち込んだりします。

上司からきつく叱られたときなども、「あんな言い方しなくたっていいじゃないか」と反発してやる気をなくしたり、「もうダメだ、見捨てられる」と悲観的になったりと、過剰反応を示しがちです。

「言い方はきついけど、上司としてはこっちに仕事の改善を促さなきゃいけない立場だし、嫌なことも言わなければならないんだろう」「改善すればきっと見直してくれるはず」「期待があるから厳しいことを言うんだろう」などとポジティブに受け止めることができません。

ストレス反応が出やすい人は、認知的複雑性が低いため、ものごとを多面的に見たり、相手の立場に立ってとらえ直したりすることができないのです。ストレスに強くなるには、認知的複雑性を高めることが必要となります。

認知的複雑性の高い人は、自分を見るにもいろんな角度から見ることができるため、長所や短所など自分の特徴をたくさんあげることができます。

そして、認知的複雑性を扱った研究により、自分の特徴をたくさんあげることのできる人は、ストレスに強く、落ち込んだりうつになったりしにくいばかりでなく、風邪もひきにくいことが明らかになっています。認知的複雑さがクッションになり、嫌なことによる衝撃を和らげるのです。そのために日々のストレスの蓄積が少なく、免疫力が高いため、ウイルスが侵入しても発病しにくいのです。

ストレスの多いビジネスの世界をタフに生き抜いていくためには、この認知的複雑性は非常に重要な意味をもつ性質と言えます。

7 笑いやユーモアがストレスへの抵抗力を高める

笑うことで自然治癒力が高まる

ユーモアによって一歩引いて物事をみてみると、ストレスフルに思えていた状況がそれほど脅威ではないと感じられるようになることがあります。巻き込まれすぎていると気持ちの余裕を失いがちですが、一歩引くことで冷静に状況を眺めることができるようになります。一歩引くのに有効なのがユーモアです。

自分が巻き込まれすぎて気持ちの余裕をなくしていると感じるときは、ユーモアを意識するのが効果的です。ユーモアによって自分や自分の置かれた状況を客観視できるようになると、どうにもならない切羽詰まった感じに思えた状況も、そこまで悲観するほどのものではないように思えてきます。

アメリカの著名なジャーナリストであったノーマン・カズンズが、難病の膠原病を患い、医師から回復の可能性は500分の1と宣告されるほどの重篤な状態に陥ったにもかかわらず、自然治癒力を高めるべく「笑い飛ばして」全快したというエピソードは、医学界でも有名です。

カズンズは、笑いには治癒力があるのではないかと考え、滑稽な映画や小話の効果を試してみました。すると、笑いの鎮痛効果はてきめんで、大笑いすると、それから2時間は痛みがなくなりました。血液検査をしてみても、大笑いした後は、炎症に対する抵抗力が高まっていました。結局、このような治療によって、ついに仕事に復帰し、完全に一日中働けるほどに回復したのでした。その功績のお陰で、カズンズはその後カリフォルニア大学ロサンゼルス校の医学部教授として医療ジャーナリズムを講義するまでになりました。

笑いが免疫細胞を活性化する

笑いやユーモアがストレスに対する免疫力を高めることは、今では多くの研究によって証明されています。

たとえば、ストレスホルモンのひとつにコルチゾールがありますが、落語を聞く前後で唾液中のコルチゾール値を測定した実験では、落語を聞いた後でコルチゾール値が低下していることが確認されました。アトピー性皮膚炎の患者にチャップリンのコメディを見せる実験でも、アレルギー反応が低下することが示されています。

笑いによって自然治癒力が高まり、風邪などのウイルス性疾患の罹患率が低下することもわかっていますが、免疫機能において重要な働きをするNK細胞が、笑いによって活性化することが、多くの研究で証明されています。

たとえば、談笑しながら寿司を食べるという実験でも、その前後に採取した血液を比較検討した結果、NK細胞が活性化し、コルチゾール値は低下していることが示されています。

笑うことがガン患者の気持ちを前向きにし、NK細胞を活性化させて免疫機能を向上させることも示唆されています。脳科学の領域でも、笑うことで大脳基底核が刺激され、神経伝達物質ドーパミンが放出され、NK細胞が活性化されるのではないかとみなされています。また、笑いは唾液中の免疫グロブリン抗体の濃度を上昇させ、免疫機能を活性化することも示されています。

対人ストレスへの対処にもユーモアは有効と考えられます。ユーモアが本人の気持ちを和らげる効果があるだけでなく、緊張関係にあるときに一方がユーモアを示すと、相手の気持ちも和み、友好的な雰囲気になりやすいという効果も期待できるからです。

8　ソーシャルサポートを利用する

ソーシャルサポートとは

苦しいとき、不安なとき、迷うとき、悩むときなどは、人に頼ることも必要です。人に相談することで視野が広がり解決策が見えてくるというように、実質的な効果が得られる場合もありますが、頼れる人がいる、話を聞いてくれる人がいるというだけで、ストレス耐性が高まるということもあります。

人に頼るのが嫌いで、何でも自力で解決しようとする人もいます。それは自立的な人間として立派な心がけですが、いざというときにはそんなに強情にならずに、少しは人を頼ってみる柔軟さも必要です。

人に頼るのが嫌いというわけではないけれども、人に頼るのはどうも苦手だという人もいます。向こうは頼られても困るかもしれないし、迷惑かもしれないから、できるだけ負担はかけたくない。そんな気持ちが強すぎて、甘えることができないのです。

図表18　ソーシャルサポートの2種

道具的サポート	ストレッサーとなっている問題の解決をサポート
情緒的サポート	ストレス反応を和らげるように気持ち面をサポート

このように人に頼ることができないタイプは、大きなストレスがかかるような事態が生じても、自分ひとりで抱え込み、身動きが取れなくなってしまうことになりがちです。人に頼りすぎるのも問題ですが、頼らなさすぎるのも問題です。困ったときはお互い様。そんな気持ちで適度に頼り合える人間関係をもつようにしたいものです。

このように助けになるような人間関係をソーシャルサポートと言います。第2章の基本的なストレス理論の図（33ページ）に示したように、ソーシャルサポートはストレッサーの影響を緩和する重要な要因と言えます。

ソーシャルサポートには、道具的サポートと情緒的サポートがあります。道具的サポートとは、ストレスとなっている問題を解決するための方法をアドバイスしたり、必要な情報を提供したりすることです。情緒的サポートとは、直接の問題解決には役立てなくても、話を聞いてあげたり、共感したり、励ましたりすることです。親身になって話を聞いてもらうだけでも気持ちが軽くなるので、情緒的サポートも非常に重要です。

ソーシャルサポートのストレス緩和効果

ソーシャルサポートがストレスによる悪影響を緩和する効果をもつことは、多くの研究によって証明されています。たとえば、ガン患者を対象にした研究において、週に1回、1年間、闘病についての気持ちを語り合ったり、病気への対処法について話し合ったりした人たちは、そのようなことをしなかった人と比べて、心理的苦痛が軽減され、軽度の痛みが改善され、平均生存期間も長いことが示されています。

また、糖尿病患者についての研究では、ソーシャルサポートのネットワークが乏しい患者ほど、病気を克服しようという意欲が乏しく、健康維持のための対処行動を取ることが少ないことが見出されています。

ソーシャルサポートの少ない人ほど、風邪にかかる率が高いことも示されています。

ポジティブな人間関係が健康増進効果をもつことも証明されています。

配偶者や友だちとの関係のポジティブな度合いを3段階に分け、過去1年間に医師の診断を受けた疾病数、過去30日間の症状の頻度、全体的健康度の主観的評価について調べたところ、いずれの指標においても人間関係がポジティブであるほど健康状態が良好であることがわかりました。

ポジティブな人間関係のもつ健康増進効果には、遠慮なく気になることを話せることが大いに関係していると考えられます。

たとえば、サポートを得られる友だちがいることがポジティブな気分を促進することがわかっていますが、ストレスにさらされた場合も、その経験や気持ちを友だちに話すことができればネガティブな気分が緩和されることが確認されています。

9　自己開示のもつストレス緩和効果

自己開示できる相手をもつ

言いたいことを言えなかったり、苦しい胸の内をだれにも話せなかったりすると、ストレスが溜まるものです。そこで有効なのは、自己開示できる人間関係をもつことです。

自己開示とは、自分の思いを率直に語ることです。自己開示には、カタルシス効果や自己

図表19　自己開示の効用

カタルシス効果	胸の内に溜め込んだ思いを吐き出すことで気分がスッキリすること
自己明確化効果	自分の思いを人に話すことで、心の中のモヤモヤがはっきりしてくること

明確化効果があります。

胸の内に溜め込んだ思いを吐き出すと気分がスッキリしますが、それがカタルシス効果です。腹が立つことがあったり、悔しいことがあったりするとき、だれかに話すとスッキリするものです。悩みごとがストレスになっているときも、悩んでいることをだれかに話すことで少し気持ちが楽になります。

また、自分の思いを人に話しているうちに自分の中のモヤモヤがはっきりしてくることがあります。心の中に渦巻いている自分の思いを率直に語ることで、自分が何にムシャクシャしているのか、何が不満なのか、何を苦痛に思っているのか、何を求めているのかが徐々に見えてきたりします。これが自己明確化効果です。

ペネベイカーは、自己開示の効用について多くの実験的研究を行っていますが、心の傷になるような衝撃的な出来事についてだれにも打ち明けたことのない人たちの場合に、身体的な病気や心理的障害が生じやすいことがわかっています。だれにも自己開示をしないことが、ストレスの心身への悪影響につながっているのです。

また、配偶者の死を経験した人では、そのことについて友だちに話している人より話していない人の方が、病気にかかる率が高く、その死にまつわる嫌な思いが頭から離れない傾向があることもわかっています。自己開示できる相手がいないため、ストレスによるダメージを軽減することができないのです。

このように、自己開示できる場があるだけで、ストレスを緩和することができるので、率直に自己開示し合える人間関係をもつことは非常に大切です。これは、ソーシャルサポートの一種でもあり、ストレスコーピングの一種でもあります。

筆記開示のストレス緩和効果——思うことを記述するだけで気持ちが楽になる

自己開示できる相手がいればよいのですが、適当な相手がいないこともあります。また、内容によっては、あまり人には言いにくいことや言いたくないこともあるでしょう。職務に関することは守秘義務があるためだれにも言えないということもあります。そのようなときに有効なのが筆記開示です。人に自己開示する代わりに、日記のような個人的なノートに自分の思いを書き記すのです。たとえば、腹が立つこと、ムシャクシャする思い、気になっていること、不安なこと、悩んでいることなどを紙に書くのです。

自己開示に関する研究によって、筆記による自己開示にもストレス緩和効果や自己明確化効果があることがわかっています。たとえば、自己開示の研究を進めている心理学者ペネベイカーは、心の傷になるような衝撃的な出来事やそれにまつわる思いについて書かされた人は、ささいなことを書かされた人よりも、書いた直後の時点では血圧が高く、否定的な感情に支配されがちであるものの、６カ月後の時点では逆により健康であることを見出しています。自分にとってショックな出来事について記述することで、一時的に嫌な気分になるものの、そこには自己開示のカタルシス効果や自己明確化効果が作用して、気分がスッキリするとともに、自分を冷静に見つめることができるようになり、長期的にみれば健康に好ましい影響があるというわけです。

ペネベイカーたちは、短いエッセイを４日連続で書かせるという実験も行っています。その結果、心の傷になるような衝撃的な出来事にまつわる気持ちを書いた人は、取るに足らないことがらを書いた人と比べて、その後の６週間に病気のために健康管理センターを訪れることが少なくなっていました。

筆記による自己開示を取り上げた多くの実験のメタ分析でも、筆記によって自己開示することで心理的健康や身体的健康が改善することが確認されています。慢性リウマチ関節炎患者や喘息患者に筆記による自己開示をさせる臨床的介入実験でも、どちらの患者の症状も著しく改善したことが報告されています。

心身に臨床的な問題を抱える人々を対象に行われた、筆記による自己開示の効果に関する多くの実験のメタ分析でも、筆記により自分の感情を自己開示することが症状を改善する効果をもつことが確認されています。

このように、自分の経験したことや、それをめぐる思いを書き記すことで、カタルシス効果が働いて気分がスッキリしたり、自己明確化効果によって感情に巻き込まれずに自分を冷静に見つめられるようになったりして、ストレスが緩和され、心の健康を保ちやすいことがわかっています。

10　ストレスコーピングをしっかり行う

ストレスを発散できる人、溜め込む人

「ストレスを発散する」という言い方がありますが、それはまさにストレスコーピングの

一種です。ストレスコーピングとは、ストレスへの対処を指します。

休日は、ショッピングに出て、美味しいものを食べてくるという人。

週末の晩は、気心の知れた友だちと食事しながらいろいろおしゃべりすることにしているという人。

週末はスポーツジムで軽いトレーニングをして汗を流すという人。

週末の仕事帰りは、行きつけのスナックでおしゃべりしたり歌ったりしてから帰るのが習慣になっているという人。

土日や祝日は、好きなスポーツ観戦に出かけるという人。

天気の良い土曜か日曜は、郊外にハイキングに出かけることにしているという人。

日曜は、近くの天然温泉の施設に行って、のんびり寛ぐことにしているという人。

気分転換。気分の発散。汗を流す。何をするかは人それぞれですが、ストレスに強い人は、日頃からストレスを溜め込みすぎないように、趣味に浸る時間をもったり、気晴らしをしたりするように心がけているものです。だから嫌なことがあって気分が落ち込んでも、すぐに前向きに切り替えることができるのです。

嫌なことがあったり、ストレスが溜まっているのを感じたりすると、いつもよりも意識的にストレスコーピングをするという人もいます。

ストレスコーピングにはさまざまな手段があります。ストレスを溜め込まないように、自分なりのストレスコーピングのレパートリーをもっておくことが大切です。

ストレスコーピングのタイプ

ラザルスとフォークマンは、コーピングの機能を問題焦点型と情動焦点型の2つに分類しています。私は、意味づけということも大切だという観点から、課題解決志向のコーピングと情動コントロール志向のコーピング、および肯定的意味づけ志向のコーピングの3つに分けています。

①課題解決志向のコーピング

課題解決志向のコーピングとは、ストレスとなる状況や問題を解決するためにできる限りの対処をしようとするコーピングです。

仕事上の失敗をしたときなどは、どう修復できるかを考えたり、次はどうしたら成功するかを考えたりしないと、先に進むことができません。どこがまずかったのか、何が足りないのかをはっきりつかまないままでは、同じ失敗を繰り返すばかりです。思い通りにならない

図表20　ストレスコーピングの3タイプ

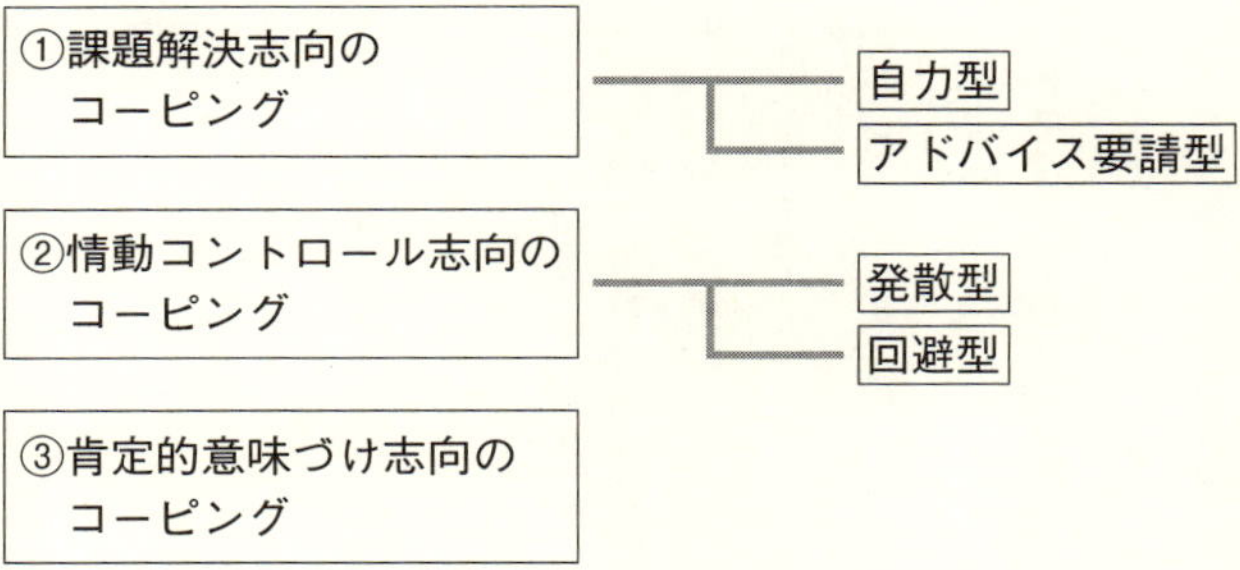

状況に陥ったときも、今どんな状況に置かれているのかを正確に把握し、どうしたら打開できる可能性があるかを検討することが必要です。

そこで必要なのは、問題を可能な限り解決していくことです。

たとえば、いつもノルマを達成できないとか、成績が悪いといったことがストレスとなっているという場合なら、知識やスキルの獲得に励んだりして成績の向上をめざす。上司と折り合いが悪く、正当に評価してもらえず、意地悪な態度を取られるのがストレスになっているという場合なら、上司が何を求めているのかを考えたり、自分の前向きな気持ちを上司に伝えたりして、何とか関係を修復しようとする。自分が思うような成果を出せないのがストレスになっているという場合なら、要求水準を少し下げてみる。その際、人に相談することもあるでしよう。

このようなコーピングにより、ストレス状況が改善されるので、ストレスは解消もしくは軽減されます。

私は、課題解決志向のコーピングを、自分で頭の中を整理して解決策を探ろうとする自力型課題解決志向のコーピングと、人に相談したり他人の事例を参照したりして解決策のヒントを得ようとするアドバイス要請型課題解決志向のコーピングに分けてとらえています。

ストレス状況を変えることができそうだと思える場合は、この課題解決志向のコーピングを優先させることになりますが、現実にはどうにも状況を変えるのは難しいと思わざるを得ない場合も少なくありません。そのようなときは、情動コントロール志向のコーピングに頼ることになります。

②情動コントロール志向のコーピング

情動コントロール志向のコーピングとは、溜め込んだ鬱憤を発散したり、気持ちを切り替えたりして、ストレスによって乱れた気持ちを安定させようとするコーピングです。

嫌なことがあったり、思い通りにならない状況に陥ったりすると、気分が滅入ってきます。嫌な気分が持続すると、気持ちが落ち込んだり、ひどくなるとうつ気味になったりする危険もあります。当然、前向きの気持ちになれず、何もやる気になれません。そのような心理状態では、建設的な行動をとることは期待できません。

そこで必要なのは、気持ちを切り替えることです。気持ちの切り替えのうまい人は、ストレス状況による嫌な気分を和らげることができます。

たとえば、いくら知識やスキルの獲得に励んでも、なかなか成果につながらないこともあります。自分なりに頑張ったつもりでも、強力なライバルがいるために評価してもらえないこともあるでしょう。折り合いの悪い上司との関係を良くしようとしても、相手のあることだし、なかなかうまくいくものではありません。そんなときに効力を発揮するのがこのコーピングです。

運動をして汗を流すことでスッキリする。カラオケで大声で歌うことでスッキリする。気心の知れた友だちと食事しながらおしゃべりすることで気持ちが和む。ショッピングに出かけて、美味しい物を食べることでスッキリする。このように気持ちを楽にすることに焦点づけたコーピングが情動コントロール志向のコーピングで、課題解決が困難なときにもストレスを解消もしくは軽減する効果があることがわかっています。

私は、情動コントロール志向のコーピングを、積極的に情動を発散して気分転換しようとする発散型情動コントロール志向のコーピングと、嫌なことは考えないで忘れようとする回避型情動コントロール志向のコーピングに分けてとらえています。

③肯定的意味づけ志向のコーピング

肯定的意味づけ志向のコーピングとは、ネガティブな出来事や状況にもポジティブな意味を見出そうとするコーピングです。

生きていれば思い通りにならないことをたくさん経験しますが、どんな経験も人生の糧となるはずです。嫌な出来事からも、きっと何か学ぶことができるはずです。どうにもならない悲惨な状況でも、それを乗り越えることが大きな自信と希望につながるはずです。

そこで必要なのは、ネガティブな出来事にもポジティブな意味づけをすること、ストレス状況にもポジティブな意味づけをすることです。それができれば、前向きな気持ちになれます。自分の置かれた困難な状況にも負けずに、積極的に乗り越えていこうという意欲が湧いてきます。ストレスに強い人は、どんなに辛い出来事や厳しい状況にもポジティブな意味を見出すことができるため、ネガティブな感情に溺れることなく、たえず前向きに困難を乗り越えていくことができるのです。

自分自身のストレスコーピングの特徴を知ろう

では、自分自身のストレスコーピングの特徴を探ってみましょう。

嫌なことがあったり、どうしても状況が好転しないときなど、どうしていますか。次のページのチェックリストの各項目をみて、自分にあてはまるものに○をつけてください。

このチェックリストにより、自分がどのようなタイプのストレスコーピングをしているか、あるいはどのようなタイプのストレスコーピングをしていないかがわかります。非コーピングの項目に多くの○がついた人は、ストレスコーピングがあまりできていないことになります。

コーピングの柔軟性とレパートリー

コーピングの柔軟性がうつに対して抑止効果があるという研究データもあります。コーピングの柔軟性とは、ストレスフルな状況に応じて使用するコーピングを変えていく能力、そして用いたコーピングに効果がないときは別のコーピングを用いようとする能力のことです。

たとえば、ストレッサーが解決可能なものであれば課題解決志向のコーピングが望ましいわけですが、試みても直ちに解決しそうにないときには、無理に課題解決にこだわらずに、

(　　) ①気心の知れた友だちと楽しくおしゃべりして発散する
(　　) ②趣味で気分転換する
(　　) ③ショッピングや飲食で憂さ晴らしをする
(　　) ④スポーツや散歩で気分転換する
(　　) ⑤楽しいことを考えて気分を上向きにする
(　　) ⑥イヤなことは考えないようにする
(　　) ⑦考えてもしようがないことは考えない
(　　) ⑧ひたすら行動して心を無にする
(　　) ⑨何も考えずによく寝るようにする
(　　) ⑩アルコールを飲んでイヤなことは忘れようとする
(　　) ⑪何が自分を苦しめているのかを整理してみる
(　　) ⑫どうしたら状況が良くなるかをじっくり考える
(　　) ⑬現実的にできることとできないことに分けて整理してみる
(　　) ⑭状況改善のためにできる最も簡単なことから着手する
(　　) ⑮状況をこれ以上悪化させないための注意点を整理する
(　　) ⑯先輩や上司など頼れる相手に相談してみる
(　　) ⑰親しい友だちに状況や思いについて話してみる
(　　) ⑱親しい友だちにアドバイスを求める
(　　) ⑲本や雑誌を読んでヒントを探す
(　　) ⑳似たような経験をした人の情報を集めて参考にする
(　　) ㉑どんなことからも必ず何か得るものがあるはずだと考える
(　　) ㉒この経験を今後にどう活かせるかを考える
(　　) ㉓自分の器を大きくするチャンスと受け止める
(　　) ㉔これだけイヤなことがあれば、次は良いことがあるだろうと考える
(　　) ㉕困難にぶつかっているときは自分が鍛えられているときだと考える
(　　) ㉖イヤなことを思い出しては落ち込む
(　　) ㉗失敗するとすぐに「自分はダメだ」と思ってしまう
(　　) ㉘困難にぶつかって人生がイヤになることがある
(　　) ㉙気分が落ち込むとイヤなことばかり思い出してしまう
(　　) ㉚思い通りにならないことが続くと「どうでもいい」と諦めの気持ちになる

図表 21　ストレスコーピング・チェックリストの分類

①発散型情動コントロール志向（項目①〜⑤）

嫌な気分が持続しないように、積極的に情動を発散して気分転換しようとするストレス対処法

②回避型情動コントロール志向（項目⑥〜⑩）

嫌な気分が持続しないように、嫌なことは考えないで忘れようとするストレス対処法

③自力型課題解決志向（項目⑪〜⑮）

自分で頭の中を整理することで、問題となる出来事や自分の置かれた状況をしっかり分析し、現実的な解決策や打開策を冷静に検討しようとするストレス対処法

④アドバイス要請型課題解決志向（項目⑯〜⑳）

人に相談したり他人の事例を参照したりすることで解決策のヒントを得て、現実的な解決策や打開策を冷静に検討しようとするストレス対処法

⑤肯定的意味づけ模索型（項目㉑〜㉕）

ストレスとなっているネガティブな出来事や状況の中に潜むポジティブな意味を探し出そうとするストレス対処法

⑥非コーピング（項目㉖〜㉚）

ストレスコーピングがうまくできていない状態のこと

情動コントロール志向のコーピングに切り替えて気分転換をした方がストレスを和らげることができます。

情動コントロール志向のコーピングとして、運動で汗を流して発散したつもりでも、どうもスッキリしないという場合は、たとえば気心の知れた友だちに話を聞いてもらって発散するというように、別のやり方で発散することも必要です。

このようなコーピングの柔軟性の高さ、つまり状況

に応じてコーピングを自在に使い分けることがストレス反応を和らげることがわかっているわけですが、コーピングを使い分けるためには、多様なコーピングのレパートリーをもっておく必要があります。

コーピングのレパートリーが少ない人は、このチェックリストを参考にして増やしておくのが望ましいでしょう。

11 タイプA行動パターンから脱する

タイプA行動パターンのチェックリスト

有能なビジネスパーソンの多くが知らず識らずのうちに身につけているものにタイプA行動パターンがあります。これは仕事をテキパキこなすには非常に有効なのですが、健康を害するリスクが大きいストレスフルな行動パターンであることがわかっています。

では、まずは自分自身が、あるいは気になる人物がタイプA行動パターンを身につけているかどうかをチェックしてみましょう。

134ページに示したチェックリストの各項目について、自分にあてはまる場合は（）

の中に○をつけてください。

どのくらいあてはまりましたか。タイプAを「急げ急げ病タイプ」とすると、その正反対の「のんびりタイプ」をタイプBと呼びますが、タイプBの人の場合、ほとんどどの項目もあてはまりません。したがって、ほんの数項目でもあてはまるようなら、タイプAの徴候がみられることになります。ましてや10項目以上もあてはまる場合は立派なタイプAと言えます。もし、半分以上の項目があてはまるとしたら、かなり強度のタイプAということになるので要注意です。

自分がタイプA行動パターンを身につけているとわかった場合にも、それをいきなり変えるのが困難なのは、仕事のできる人は概してタイプAだという事情があるからです。仕事に対するモチベーションや責任感を放棄してのんびりしてしまえばタイプAから脱することができますが、なかなかそうもいかないでしょう。周囲からは、責任感をもって仕事をこなす人とみなされ、仕事を任されているはずです。ビジネススタイルを急に変えるわけにもいかないでしょうが、少しずつでも改善するように意識する必要があります。

では、タイプA行動パターンがどのように危険なのか、その理由をみていきましょう。

(　　) ①仕事に熱中すると、気持ちの切り替えがきかなくなる
(　　) ②凝り性で何ごとも徹底的にやらないと気がすまない
(　　) ③急ぐ必要のない仕事でも、自ら早め早めに締め切りを設定し、それに向けてがむしゃらに突き進む
(　　) ④できるだけ短い時間にできるだけ多くの予定を入れようとする
(　　) ⑤何ごともできる限り素早く仕上げることを重視する
(　　) ⑥たえず心理的に張りつめた状態にある
(　　) ⑦まったく何もしない時間や日々が続くと罪悪感を感じる
(　　) ⑧休みを取っても仕事のことをついつい考えてしまい、心からくつろげない
(　　) ⑨発言中、終わりに近づくと早口になる
(　　) ⑩発言中は、途切れることが悪いことであるかのように、切れ目なくしゃべり続ける
(　　) ⑪会議などでしゃべりすぎる
(　　) ⑫人の話を長く聞いていることができない
(　　) ⑬人の話をのんびり聞くことができず、話をせかすような反応を示す
(　　) ⑭要領を得ない話し方をする人、同じ話を繰り返す人にイライラする
(　　) ⑮会議をはじめ、あらゆることがらの進行速度にいらだちを感じる
(　　) ⑯自分ならもっと速くできることを、人がゆっくりやっているのをみるとイライラする
(　　) ⑰いつもセカセカ動いている
(　　) ⑱とくに急ぐ理由のないときでも、つねに急いで歩いている
(　　) ⑲電車やバスが時間通りに来ないと、ひどくイライラする
(　　) ⑳車やバスが渋滞に巻き込まれたりすると、ひどくイライラする
(　　) ㉑列をつくって待つのが苦痛でしようがない
(　　) ㉒仕事を離れて本を読むときも急いでおり、分厚い本を少しずつ読むというのが苦手だ
(　　) ㉓文学作品をゆっくり楽しんで読むとか音楽をゆったりと聴くといったゆとりある時間の過ごし方には無縁である
(　　) ㉔食べるのが速い
(　　) ㉕食事中も仕事の手順を考えたり、メモを取ったりすることが多い
(　　) ㉖自宅でトイレに入るときに、読み物やスマホを持ち込んだりする
(　　) ㉗会議中に内職したり、朝食をとりながら新聞や業界誌を読むなど、同時に２つ以上のことをすることが多い

タイプA行動パターンのストレス

タイプA行動パターンとは、アメリカの医学者フリードマンとローゼンマンによって問題提起された現代人に特有の病的な行動パターンです。フリードマンたちは、心臓病にかかりやすい人々の行動パターンに着目し、サンフランシスコのビジネスマンを対象に、心臓発作を起こす前に認められた行動特徴に関する調査を行いました。

その結果、7割の人が「過度の競争」と「締め切りに間に合わせることへの没頭」をあげました。心臓病との関連で一般に好ましくないとみなされている「過度の脂肪摂取」「過度の喫煙」「運動不足」などをあげた人は、それぞれ5％もいませんでした。

こうした結果を踏まえて、フリードマンたちは、「時間の切迫感」と「過度の競争」を中核とした行動パターンをタイプA行動パターンと名づけ、その危険に対して警告を発したのです。

つまり、タイプA行動パターンとは、できるだけ短時間に可能なかぎり多くのことをやってしまおうと、あらゆる努力をムキになってし続ける人のもつ行動パターンです。その反対に、時間的切迫感のないのんびりした行動パターンをタイプB行動パターンと名づけました。

サンフランシスコの連邦政府の役人2500人を対象とした調査では、5～6割が典型的なタイプA行動パターンの持ち主であることがわかりました。また、会計士たちの血清コレステロール値を1月から6月まで半年間追跡調査した結果、4月半ばの納税期限が近づいて忙しくなり時間的切迫感が極度に強まるにつれて、血清コレステロール値が上昇し、5月〜6月にかけて暇になり時間的切迫感がほとんどなくなると、血清コレステロール値が下がることがわかりました。時間的切迫感が血清コレステロール値を上昇させるのです。

さらに、タイプA行動パターンを身につけた男性80名と、タイプB行動パターンを身につけた男性80名を対象にして、血清コレステロール値を比較したところ、タイプAの男性たちの方が血清コレステロール値が高く、タイプBの場合は、ぜいたくな食事をしていても血清コレステロール値は高くならないこともわかりました。まさに行動パターンが血清コレステロール値を左右することを示唆するデータと言えます。

そこで、フリードマンたちは、3500人以上の健康な男性たちにさまざまな検査を行い、行動パターンも調べておき、10年後にその中から心臓疾患になった人を抽出するというやり方で、タイプA行動パターンから将来の心臓疾患が予測できるかどうかの検証を行いました。

その結果、10年後には250人以上の人たちが心臓疾患を患っていたのですが、10年前のさまざまなデータのうち、最も明確な危険信号は、栄養データでも運動データでもなく、タイプA行動パターンの存在でした。タイプAの人の罹患率は、タイプBの人の３倍にも達していたのです。

中核にある時間的切迫感――急げ急げ病

フリードマンたちは、タイプA行動パターンの中核となっているのは、「時間的切迫感」と「過度の競争」と言いますが、日本の場合は、アメリカほど攻撃的な社会ではなく競争の厳しさがないので、「時間的切迫感」を中核とする行動パターンとみなすのが適切でしょう。

時間的切迫感は、主観的に生み出されるもので、客観的状況によるものではありません。その証拠に、同じような職務に就いていても、タイプBの人は時間的切迫感とは無縁でのんびりと過ごすことができるのに、タイプAの人は自ら進んで時間的切迫感へと駆り立てられていきます。

非常に勤勉で、ある意味で欲張りな面があり、できるだけ多くのことをやり遂げたい、できるだけ完ぺきにやり遂げたいと思ったり、できるだけ多くのことに参加したいと思うために、非現実的な予定を立てがちになります。

ひとつひとつの仕事にあてる時間を可能なかぎり少なく見積もって、最初から無理とわかるような計画を立てて自分を駆り立てる傾向があります。とくに締め切りを急かされる仕事でなくても、のんびり進めることはできず、自ら進んで厳しい締め切りを設定し、急いで能率的に仕上げようとします。仮に締め切りに間に合った場合も、よく頑張ったということで、あとはのんびり過ごすということができません。先の計画を前倒しにして、ひたすら走り続けるのです。そのため、いくら頑張っても時間的切迫感からは永遠に解放されません。

タイプA行動パターンを身につけている人の時間的切迫感は、仕事の場面だけでなく、あらゆる生活場面を貫いています。とくに急がないといけないわけではないのに、急ぎ足で歩いたり、エスカレーターを歩いたりします。とくに急いでいるわけではないのに、電車やエレベーターがなかなか来ないとイライラします。わざわざ人気の店まで食べに来たのに、人が並んでいると、並ぶのはイライラするのですぐに諦め、どうでもよいような別の店で食事をします。まさに急げ急げ病です。

チェックリストであてはまる項目がいくつもある人は、相当ストレスフルな生活をしていることになります。前項で例示したように、タイプA行動パターンが健康にとって非常に危険な因子であることは、多くの研究により明らかにされています。タイプA行動パターンを身につけている人は、何とかそこから脱するように意識する必要があります。

タイプA行動パターンから抜け出すには

それでは、どうしたらタイプA行動パターンから脱することができるのでしょうか。その防止法についてみていきましょう。

以下に、タイプAから脱するために心がけるべき行動リストを示します。この中のいくつくらいを実践しているでしょうか。ほとんど実践していないという人は、すぐにできそうなものを2～3個選んで、実践を心がけましょう。

いきなり欲張ると挫折します。タイプAの人は、何をするにもせっかちで、一気に進めようと欲張る傾向がありますが、そうした行動パターン自体が問題なので、ほんの少しずつでよいから実践を試みましょう。自分の趣味や好みとの兼ね合いもあるので、無理に古典に親しんだり、美術に親しんだりする必要もありません。ここにあげた行動リストは、あくまでも網羅的に並べたものであって、すべてを実践している人などいないでしょう。この中のほんの少しでも実践していけば、徐々にタイプA行動パターンが和らいでいくはずです。まずはやりやすいと感じることからチャレンジしてみましょう。

①仕事中、ときどき無理にでも中断して気分転換をするように心がける
②急いで仕事をしているときでも、窓越しの風景を眺めたり、軽く体操したりするくらいの

短い休憩はこまめに挟むようにする

③仕事が予定より早くすんだら、次の予定を繰り上げたりせずに、趣味や楽しみのための時間に回す

④仕事と関係のないことをするための時間を毎日確保する

⑤趣味と言えるようなものをもつようにする

⑥仕事と関係のない読書を楽しむ

⑦美術館や博物館に出かけたり、美術書をめくったり、音楽を聴くなど、芸術に親しむ時間をもつ

⑧古典を読んで、ゆったりとした時間の流れの中に身をおく

⑨若い頃や子どもの頃に好きだったことを思い出してみる

⑩アルバムの整理をしたり、旅行中に集めたものを整理するなど、現実の時の流れからしばし降りる時をもつ

⑪仕事や職場と関係のない人間関係をもつようにする

⑫親しい人間関係に浸る時間を大切にする

⑬子ども時代や学生時代の友だちとの旧交を温める

⑭とくに興味をひく話や役に立ちそうな話でなくても、ムダとして切り捨てたりせず、会話そのものを楽しむように心がける
⑮目の前の出来事や風景、人々に関心を向ける
⑯安らぎの生活空間づくりを心がける
⑰仕事場も機能追求ばかりに走らず、遊び心を入れた装飾などをするゆとりをもつ
⑱列に並んだり、電車を待ったり、食事が出るのを待ったりするとき、ひたすら待つのでなく、周囲の人や景色を観察したり、空想にふけるなど、楽しい時間に変えるように工夫する

12　対人ストレスを軽減する

対人ストレスとその対応

現代人にのしかかるストレスとして、最も深刻なのは、人間関係に起因するストレスと言ってよいでしょう。そこで近年、対人ストレスに関する研究が盛んに行われつつあります。

対人ストレッサーは、対人葛藤、対人過失、対人摩耗の３つに分類されます。

図表22　対人ストレッサーの3タイプ

対人葛藤	相手が自分に対して否定的な態度や行動を向けてくるような状況（嫌味を言う、バカにするような態度を示す、仲間外れにする、無視するなど）
対人過失	相手に迷惑をかけたり不快な思いをさせたりするような状況（相手に迷惑をかける、相手に嫌な思いをさせる、見当違いなことを言って困らせるなど）
対人摩耗	円滑な関係を維持するための配慮で気疲れするような状況（相手を傷つけないように言い方に気をつける、相手の気分を害さないように気を遣う、気まずくならないように言いたいことを抑えるなど）

対人葛藤とは、嫌味を言う、バカにするような態度を示す、仲間外れにする、無視するなど、相手が自分に対して否定的な態度や行動を向けてくるような状況を指します。

対人過失とは、自分のせいで相手に迷惑をかけたり、相手に嫌な思いをさせたり、見当違いなことを言って困らせるなど、相手に迷惑をかけたり不快な思いをさせたりするような状況を指します。

対人摩耗とは、相手を傷つけないように言い方に気をつけたり、相手の気分を害さないように気を遣ったり、気まずくならないように言いたいことを抑えるなど、円滑な関係を維持するための配慮で気疲れするような状況を指します。

対人葛藤や対人過失のような特別な出来事がない場合でも、対人摩耗のような気を遣いすぎて疲れてしまうよ

図表 23　対人ストレスコーピングの分類（加藤 2008 より）

対人ストレスコーピング	内容（＊具体例）
ポジティブ関係コーピング	対人ストレスイベントに対して、積極的にその関係を改善し、より良い関係を築こうと努力するコーピング ＊共通の話題をさがして話しかけた。 ＊こちらから会話するようにした。
ネガティブ関係コーピング	対人ストレスイベントに対して、そのような関係を放棄・崩壊するようなコーピング ＊相手のことを無視するようにした。 ＊付き合いを避けるようにした。
解決先送りコーピング	ストレスフルな対人関係を問題とせず、時間が解決するのを待つようなコーピング ＊いそいで解決せず成り行きまかせにした。 ＊気にかけないようにした。

うなストレスは、ビジネスの場ではしょっちゅう経験するはずです。

では、このような対人ストレッサーに対して、どのように対処したらよいのでしょうか。

心理学者加藤司によれば、対人ストレスコーピングには、ポジティブ関係コーピング、ネガティブ関係コーピング、解決先送りコーピングの３つの側面があります（図表23）。

ポジティブ関係コーピングとは、対人ストレッサーに対して、積極的にその関係を改善し、よりよい関係を築こうと努力するコーピングのことです。たとえば、友人と口論して気まずくなってしまったときに、その原因となっている誤解を解くように努力するようなやり方です。

ネガティブ関係コーピングとは、対人ストレスを喚起させるような関係を放棄・回避するようなコーピングのことです。たとえば、上司にしょっちゅう嫌味を言われるような場合、その上司とは仕事上の必要最小限のかかわりしかもたないようにするようなやり方です。

解決先送りコーピングとは、ストレスフルな関係を問題視することなく、時間が解決するのを待つようなコーピングのことです。たとえば、お互いの価値観のスレ違いがあって、気まずくなった友人とのことは、ひとまず気にしないようにして、時間が解決するのを待つようなやり方です。

さまざまな研究結果を総合して、加藤はこの3つの対人ストレスコーピングが適応に及ぼす影響について、次のようにまとめています。

①ポジティブ関係コーピングを用いるほど、人間関係は良好になり、人間関係に対する満足感が増大する

②ネガティブ関係コーピングを用いるほど、人間関係は悪化し、人間関係に対する満足感は低下する

③解決先送りコーピングを用いるほど、人間関係は良好になり、人間関係に対する満足感が増大する

対人葛藤のようなケースでは、つい面倒になり、あまりかかわらないようにしたり、無視したりと、ネガティブ関係コーピングをしてしまいがちですが、そうするとますます関係は悪化し、対人ストレスが強まるので、できる限りポジティブ関係コーピングを用いるようにしたいものです。

また、何かで対立したり、気まずい感じになったりすると、お互いに感情的になったり、意地を張ったりして、すぐに打ち解けるのが難しそうな場合もあります。そのようなときは、無理に急がずに、解決先送りコーピングで時間が解決してくれるのを待つのが得策です。

アサーションとは何か

対人ストレスの解消に有効なスキルとしてアサーションがあります。自分を抑えすぎてストレスを溜め込んでしまいがちな人にとって、とくに有効な対処法と言えます。アサーションという言葉の意味は、主張とか断言ですから、はっきり自己主張すればいいのかと勘違いしがちですが、アサーション・トレーニングの目的は、お互いが納得し満足できるような自己主張の仕方を身につけることです。

人間関係のストレスは、主として適切な自己主張ができないことによります。不適切な自

図表24　不適切な自己主張によりストレスを感じやすい2つのタイプ

- 相手の気持ちや反応を気にするあまり、自分を抑えすぎて、ほとんど自己主張できないタイプ
- 相手の気持ちや反応など眼中になく、遠慮なしに自己主張するタイプ

己主張には、大きく分けて2つのタイプがあります。

ひとつは、相手が気分を害さないように、相手から悪く思われないようにといった気持ちが強すぎるため、自分を抑えすぎて、ほとんど自己主張できないというタイプです。人の顔色を窺うばかりで、言いたいことも言えないので、ストレスが溜まってしようがないでしょう。

もうひとつは、相手の気持ちや反応など眼中になく、遠慮なしに自己主張するタイプです。自分の欲求や感情に忠実に主張することで、その場ではスッキリしますが、あまりに自分勝手だということで周囲からの反発を招きます。そして人間関係がこじれがちになり、結果として人間関係のストレスを溜め込むことになります。

そこで、どちらのタイプも、自分の思いや考えを伝えつつも相手の反発を招かない自己主張の仕方、相手も自分も納得し満足できるような自己主張の仕方を身につける必要があります。そのよ

うな自己主張がアサーションのスキルです。

13　アンガーマネジメント――イライラをなくす

イラッときたときのとっさの対処法

すぐにイライラする人がいますが、それも一種のストレス反応です。

アンガーマネジメントという言葉を聞いたことがあるかもしれませんが、怒りのコントロールは、なかなか思い通りにならないビジネスライフを乗り切っていくために必要なスキルです。イライラをうまくコントロールできないと、ものごとを冷静に判断することができません。周囲が見えなくなって苦しい状況を打開できるチャンスを逃したり、怒りを爆発させてせっかく築き上げてきた人間関係を台無しにしてしまったりして、ビジネスでもダメージを負うことになりがちです。

ストレスに強い人は、やたらとイライラすることはありません。怒りや苛立ちの自己コントロールができているのです。

では、どうしたらイライラをうまくコントロールできるのでしょうか。まずはイラッとし

図表25　アンガーマネジメント：イラッときたときのとっさの対処法

①ひと呼吸置く
②実況中継をしてみる
③怒りを鎮めるセルフトークを使う
④役割に徹する
⑤視点を変える
⑥読み替え力を発揮する

たときの対処法としてとくに有効なものをいくつか紹介しましょう。

①ひと呼吸置く

イラッときたり、ムカッとしたりと、自分の中に怒りの衝動が込み上げてくるのを感じたら、とにかくひと呼吸置くこと。何か言いたい衝動に駆られても、ひと呼吸置くことです。ちょっと間を置くだけで冷静さを取り戻すことができます。落ちついてみると、ものごとの見え方も変わってきます。

②実況中継をしてみる

自分自身を客観視することで、感情の渦に呑み込まれそうな自分から離れることができます。自分自身を観察するもう一人の自分の目をもって、自分自身をモニターするのです。一番やりやすいのが、自分の心の動きの実況中継です。

たとえば、上司から理不尽な叱責を受け、我慢できずにキレてしまいそうな衝動に駆られたときは、モニターカメラのスイッチを入れ、実況中継を心の中で始めます。

「上司に叱られた○○君、ムカついてます。『あんたがそうしろって言ったんだろ！』と言いたい衝動を必死に堪えてます。冷静さを保てるか、それとも衝動に負けてぶちギレてしまうか。○○君、大きな試練のときを迎えました」

といった調子で実況中継をしているうちにムキになっている自分が滑稽に思えてきます。

③怒りを鎮めるセルフトークを使う

イラッときたとき、私たちはそのイライラを言葉で明確に理解しているわけではありません。何か知らないけど、相手の言葉や態度にイラッときた。そんな感じです。そのようなとき、心の中でどんな言葉を発するか。それによって怒り衝動の行く末が違ってきます。怒りを爆発させてしまうか、うまく鎮めることができるか。その方向性を大きく左右するのがセルフトークです。セルフトークというのは、心の中でつぶやく言葉です。

たとえば、人から失礼な態度を取られたり、あからさまな嫌味を言われたりしたとき、「なんだ、あの言い方は、許せない」「もう我慢できない」などといったセルフトークを使うと、許せない思いが膨れあがり、我慢できなくなってきます。

一方、「ああいう人もいるんだな」「よくあることだ」「大丈夫、落ち着こう」などといったセルフトークを使えば、たいしたことではないような気がしてきて、気持ちが落ち着いてきます。

④役割に徹する

電車が大幅に遅れイライラしている利用者から怒りをぶつけられてじっと耐えている駅員や、怒鳴るような口調で理不尽なクレームをつけてくる横暴な取引先の担当者に笑顔で応対している営業マンなどは、なぜそんな状況に耐えられるのでしょうか。

それは、役割に徹しているからです。上司から理不尽なことを言われたときは、部下という役割に徹する。取引先から理不尽な扱いを受けたときは、出入りの業者という役割に徹する。そうすることで、怒りを爆発させる危機を免れることができます。

⑤視点を変える

ちょっとしたことでイライラしがちな人は、ひとつの視点に凝り固まるクセをもっています。柔軟に視点を変えることができれば、そんなにイライラしないですみます。

たとえば、約束の時間を過ぎても相手が来ないとき、ひとつの視点に凝り固まっている人は、「遅いなあ、もう時間を過ぎてるじゃないか」「失礼だなあ、こっちのことを軽く見てるんじゃないか」などと、「遅れるなんて失礼だ」という視点から脱することができないため、相手が来たときに文句を言いたくなったり、言葉には出さないもののイライラが収まらずに、しっくりいかない雰囲気になりがちです。

一方、視点の切り替えができる人は、約束の時間を過ぎても相手が来ないとき、「何かあったのかな。最近、事故とかで電車が止まることが多いからな」などと相手の立場に視点を転じることができるため、そんなにイライラすることはありません。遅れるという連絡があった場合なども、「じゃあ、ちょっとそこらを散歩してこよう」などと、待ち時間を自分の時間として活かすような視点への転換ができます。

⑥読み替え力を発揮する

人の気持ちを考えないでものを言う人がいるものです。そういう人は、自分の言い方が人をいかに傷つけているかに気づいていないため、平気で乱暴な言い方をしたり、グサッと刺さるようなことを言ったりします。そのようなタイプが上司の場合、毎日かかわりをもたなければならない部下は、必死にイライラを抑えなければなりません。そんなときに有効なのが読み替えです。たとえば、グサッとくるような上司の乱暴な言葉を、自分の都合の良いように翻訳するのです。

「そんなこともできないのか！」

とバカにするような口調で言われたら、

「そのくらいできるように成長しろよってことだな」

と心の中で前向きに読み替えます。

「なんだ、これは！　こんなもので通じると思うのか！」

と怒鳴られたときは、

「もっと工夫が必要だってことだな」

と心の中で読み替えます。

「ほんとに使えないヤツだな、もっと頭を使え！」

と乱暴な言い方で叱られたときは、

「こんなにムキになるなんて、よっぽどオレに期待してるんだな」

と調子の良い読み替えをするのです。

このように読み替え力を発揮すれば、たいていのことには耐えられます。

イライラ体質から脱するための心の習慣

前項では、イラッときたときのとっさの対処法、言ってみれば応急処置のコツを紹介しました。ストレスに強い人は、イラッときたときのとっさの対処法を身につけているだけでなく、ちょっとのことではいちいちイライラしないタフな心をもっています。

それは、いくつかの習慣によってつくられます。そこで、次にイライラ体質から脱するために有効な心の習慣を紹介しましょう。

①ネガティブな思いの反芻グセを捨てる

イライラ体質の人には、腹立たしいことを反芻するクセがみられます。愚痴っぽくて、何かと腹を立てる人と話していると、よくいちいちそんなことを覚えているものだと、その執念深さに呆れることがあります。そこには嫌な出来事を反芻するクセが関係しています。そこで大切なのは、腹立たしいことをいちいち反芻しないことです。

②嫌な気分のときに過去を振り返らない

記憶に関する気分一致効果についてはすでに説明しましたが、私たちは、ネガティブな気分のときはネガティブな出来事の方をよく思い出す傾向があるため、ネガティブな出来事を思い出すと嫌な気分になりストレスを感じます。

**図表26　アンガーマネジメント：
イライラ体質から脱するための心の習慣**

①ネガティブな思いの反芻グセを捨てる
②嫌な気分のときに過去を振り返らない
③ネガティブな思いは口に出さない
④ネガティブな認知のクセを修正する
⑤劣等コンプレックスを解消しておく
⑥「なんで」を「どうしたら」に変える

ここから言えるのは、イライラ体質から脱するには、嫌なことがあったとき、ネガティブな気分のときは、過去を振り返らないようにすることが大事だということです。ポジティブな気分のときだけ過去を振り返るのです。

③ネガティブな思いは口に出さない

ネガティブな思いは、口にするほど心の中で増幅され、膨れあがっていきます。そうなると、増水中の川のように、ちょっとしたことで決壊し、氾濫する怖れがあります。ストレスに強い人は、ネガティブな思いは安易に口に出さないという習慣を身につけることで、イライラ感情をうまくコントロールできているのです。

④ネガティブな認知のクセを修正する

ストレスに強い人は、たとえネガティブな経験をしても、それをできるだけポジティブに受け止める心のクセがあるため、前向きの姿勢を保てます。一方、ストレスに弱い人は、ネガティブな経験に対してはネガティブな受け止め方しかできないため、何かにつけて嫌な気分になりやすいのです。そこで、もしネガティブな認知のクセがあればそこを修正し、ポジティブな認知のクセを身につけるようにすることが大切です。


たとえば、頑張っているのになかなか成果が出ないなど、きつい日々が続いても、

「なんでうまくいかないんだ。もう、嫌だ」

などと感情的かつ悲観的な受け止め方をせずに、

「今は試練の時。ここを耐え抜けば、ひと皮むけて成長できる」

などと前向きに受け止めるのです。同僚から足を引っ張られるようなことがあっても、

「なんであんなイヤらしいことをするんだ、許せない」

と腹を立てるのではなく、

「こっちのことがよほど鬱陶しいんだろうな」

というように淡々と受け止めます。取引先から強引な要求ばかり突きつけられたときも、

「こっちが業者だからって、いい気になりやがって」

と攻撃的な受け止め方をせずに、

「横暴な人で参るなあ。でも、お陰で交渉力が鍛えられるよ」

と淡々と、そして前向きに受け止めるのです。

このような心の習慣を身につければ、ちょっとやそっとのことでは揺るがない、どっしり安定したタフな心が手に入ります。

⑤劣等コンプレックスを解消しておく

人の言葉や態度に腹を立て、嫌味を言い返したり、烈火のごとく怒り出したりする人は、本人は自覚していませんが、往々にして劣等コンプレックスを抱えているものです。

劣等性はだれにもあります。数字に弱い。論理的思考が苦手。英語が苦手。運動神経が鈍い。太っている。雑談が苦手。面白い話ができない。人によっていろいろです。そうした自分の劣等性を受け入れていればよいのですが、受け入れずに目を背けようとするとき、そこに劣等コンプレックスが形成されます。

劣等コンプレックスを抱えている人は、そこにちょっとでも触れられると、感情的反応を示します。たとえば、論理的思考が苦手というのが劣等コンプレックスになっていると、「理屈で考えればわかることじゃないか」というような、相手が何気なく口にした言葉にも、劣等コンプレックスを刺激され、バカにされたと思って過剰に反応しがちです。それに対して、自分が論理的思考が苦手だということを受け入れている人は、感情的にならずに相手の言葉を受け止めることができます。

ストレスに強い人は、自分の劣等性を受け入れることができているため、どんなときも冷静に対処できるのです。

⑥「なんで」を「どうしたら」に変える

イライラしやすい人が心の中でよくつぶやく言葉に「なんで」があります。

「なんであんな言い方をするんだ」「なんであんなにやる気がないんだ」「なんであんなに仕事が遅いんだ」「なんでこんなことがわからないんだ」など、「なんで」と思うと、イライラしてきます。

ストレスに強い人は、そうしたイライラにつながりやすい思考の習慣は捨てています。その代わりに、もっと建設的な思考の習慣を身につけています。イライラにつながりやすい思考の習慣を建設的な思考の習慣に変えるコツは、「なんで」を「どうしたら」に変えることです。

「なんであんな言い方をするんだ」

と非難がましくならずに、

「どうしたらもっと穏やかに話し合えるだろうか」

と考えるのです。

「なんであんなにやる気がないんだ」

と批判的にならずに、

「どうしたらもっとやる気になってくれるかなあ」

と知恵を絞るのです。

「なんであんなに仕事が遅いんだ」

と非難がましくならずに、

「どうしたらもっと能率を上げさせられるかなあ」

と工夫を試みるのです。

「なんでこんなことがわからないんだ」

と切り捨てるような見方をせずに、

「どうしたらこれをもっとわかりやすく説明できるだろうか」

と自分の課題として受け止め直してみるのです。

「なんで」という問いは、感情反応を引き起こし、イライラを生みます。それに対して、「どうしたら」という問いは、認知反応をもたらし、冷静な状況判断や生産的な思考を促します。

イライラ体質から脱するには、「なんで」といった問いではなく、「どうしたら」という問いを思い浮かべるような心の習慣をつくっておくことです。

第4章　ストレスを活かす方法

1　注目を集めるレジリエンス

最近の若者はなぜ打たれ弱いのか

管理職の研修などで、若手部下に対して厳しい言い方をしないように、できるだけほめるようにと言われたりする時代になりました。厳しいことを言うと、今どきの若者は潰れてしまうというのです。

実際、仕事でミスをしたり、規則を守らなかったりしたときに厳しく叱ると、「傷ついた、パワハラだ」と反発する若手がいて困るとか、ショックを受けて休んでしまう若手がいて困るといった話がよく出ます。

第1章でも簡単に触れましたが、筆者たちが高校生、大学生、成人前期、成人後期の人々を対象に実施したストレスに関する調査研究でも、成人より高校生や大学生の方が強くストレスを感じていることが明らかになっています。社会人の方が客観的には強いストレスにさらされているはずですが、学生の方がストレスを感じているのです。

この調査では、ストレスに対する抵抗力に影響すると思われる諸要因についても検討しています。そこでも、若者は成人よりも、アイデンティティ確立度が低い、愛着不安が強い、外的統制が高い（ものごとの結果を自分の責任とみなさない傾向）、自己への信頼が低い、他者への信頼が低い、過去への評価が否定的、過去へのとらわれが強いなど、ストレスに影響すると思われる負の心理的特性が高くなっていました。このような結果によって示唆されるのが、若者のストレス耐性の低さです。

ストレスに強い人は厳しい状況を乗り越えた経験があるものですが、今の若い人たちは、ほめて育てるといった風潮の中で育ってきたため、中高年世代と違って厳しさにさらされずに大人になっています。いわば、過酷なストレスをあまり経験せずに育っているため、ストレスに弱い、傷つきやすく打たれ弱いということがあるのでしょう。

レジリエンスとは

ストレスの問題が深刻化していることにより注目されているのが、レジリエンスという性格特性です。レジリエンスは復元力と訳されます。

もともとは物理学用語で弾力を意味しますが、心理学では「回復力」とか「立ち直る力」を意味します。つまり、ビジネスの世界で使われるレジリエンスとは、ひとことで言えば「回復力」「立ち直る力」ということになります。

図表27　レジリエンスとは何か

- 強いストレス状況下に置かれても健康状態を維持できる性質
- ストレスの悪影響を緩和できる性質
- 一時的にネガティブ・ライフイベントの影響を受けても、すぐに回復し立ち直れる性質

どうしたら打開できるかわからないような困難な状況に置かれれば、だれでもストレスを感じます。「どうしたらいいんだろう」と思い悩み、「もうダメだ、どうにもならない」と絶望的な気持ちになることもあるかもしれません。

そこで問われるのがレジリエンスです。困難な状況にあっても、心が折れずに適応していく力。挫折して落ち込むことがあっても、そこから回復し、立ち直る力。辛い状況でも、諦めずに頑張り続けられる力。それがレジリエンスです。

さまざまな定義を総合すると、レジリエンスは、強いストレス状況下に置かれても健康状態を維持できる性質、ストレスの悪影響を緩和できる性質、一時的にネガティブ・ライフイベントの影響を受けてもすぐに回復し立ち直れる性質を指すといってよいでしょう。

このようなレジリエンスが欠けていると、困難な状況を

耐え抜くことができません。そのようなときに口にするのが、「心が折れた」というセリフです。レジリエンスの高い人は、どうにもならない厳しい状況に置かれ、気分が落ち込むことがあっても、心が折れるということはなく、必ず立ち直ってきます。

どんなときも前向きに頑張ってきた人の心が突然折れることがあります。「心が折れる」という言葉が、いつの間にか広く使われるようになってきたのは、時代状況が厳しくなって、頑張り屋だったはずの人の心が突然ダウンするといったことが頻繁にみられるようになったからです。「燃え尽き症候群」というのがその走りと言えます。その心の強さには、いわば弾力が欠けていたのです。もっと幅のある生き方をしていたり、もっと柔軟な考え方ができたりすればよかったのですが、硬直した働き方になっていたため、行き詰まったときに、方向転換ができずに、ポキッと折れてしまうのです。

そこで求められるのは弾力性や柔軟性。いわば、しなやかさです。ストレスがかかったり、逆境に置かれたりして、一時的には落ち込んだり、不安になったりすることがあっても、わりと早く立ち直れる。そんなしなやかさをもった強さ。それがレジリエンスです。

レジリエンスはゴムの柔らかくしなる棒といったイメージです。プラスティックの硬い棒は、圧力をかけてもなかなか曲がりませんが、強烈な圧力がかかると、あるときポキッと折れることがあります。ゴムの柔らかくしなる棒の方は、圧力がかかるとすぐに曲がりますが、いくら強い圧力がかかっても、しなるだけでけっして折れることがなく、すぐに元通りに戻ります。

これでレジリエンスの意味が何となくつかめたのではないでしょうか。レジリエンスが高ければ、心に強さだけでなく、しなやかさがあるため、どんなに大きなストレスがかかっても、心が折れるということがなく、タフに乗り越えていけるのです。

レジリエンス要因

元々レジリエンスの研究は、逆境に強い人と弱い人の違いはどこにあるのかという疑問に端を発しています。これまでの諸研究をもとに、レジリエンスの高い人の特徴を図表28のように整理することができます。

では、このような人は、どんな特性をもっているのでしょうか。

レジリエンスを構成する要素としては、創造性、忍耐強さ、洞察力、精神的自立性、社会性などがあげられたり、決断力、自信、忍耐強さ、自己受容、目的意識があげられたりしています。また、因子をより絞り込んだ研究では、新奇性追求（新たな出来事に興味や関心を

図表28　レジリエンスの高い人の特徴

①自分を信じて諦めない
②辛い時期を乗り越えれば、必ず良い時期が来ると思うことができる
③感情に溺れず、自分の置かれた状況を冷静に眺められる
④困難に立ち向かう意欲がある
⑤失敗に落ち込むよりも、失敗を今後に活かそうと考える
⑥日々の生活に意味を感じることができる
⑦未熟ながらも頑張っている自分を受け入れている
⑧他人を信じ、信頼関係を築ける

もちさまざまなことにチャレンジしていこうとする性質)、感情調整(自分の感情をうまくコントロールすることができる性質)、肯定的な未来志向(明るくポジティブな未来を予想しそれに向けて努力しようとする性質)の3因子が抽出されたり、意欲的活動性(粘り強く問題を解決しようとする性質)、内面共有性(ネガティブな心理状態を立て直すために他者との内面の共有を求める性質)、楽観性(ものごとをポジティブにとらえる性質)の3因子が抽出されたりしています。

　レジリエンスの強さに関係する個人の特性についてのさまざまな研究成果を総

図表29　レジリエンスの高さに関係する特性

①自己肯定感が高く自己受容ができている

②楽観的で未来を信頼している

③忍耐強く、意志が強い

④感情コントロール力がある

⑤好奇心が強く意欲的

⑥創造的で洞察力がある

⑦社交的で、他者を信頼している

⑧責任感があり、自律的

⑨柔軟性がある

合すると、レジリエンスが強い人は、図表29のような性質を身につけていると考えられます。

今、レジリエンスが注目される理由

このところ教育現場で子どもたちのレジリエンスをいかに高めるかが重要な課題とみなされるようになってきましたが、ビジネスの世界でもレジリエンスという言葉が聞かれるようになってきました。子ども時代に厳しく鍛えられないまま大人になる時代ゆえに、レジリエンスが育っていないということに加えて、ビジネスの世界がますます厳しさを増しているということもあるでしょう。

仕事をしていれば、だれもが日常的にストレスを経験しているはずです。挫折も逆境もビジネスライフにはつきものです。

たとえば、いくら頑張っても結果につながらないというのは、じつによくあることです。学校時代の成績と違って、頑張った分だけ報われるというわけではありません。コンペで自信のあるプランを提案し、プレゼンもうまくいったと思ったのに、ライバル社の規模や知名度に負け、悔しい思いに駆られる。必死に訪問営業をしていても、景気が悪くなったために売り上げがずいぶん落ちてきて、なかなかノルマを達成できない。上司の指示に従って動いていたのに、まずい結果になったとき、上司が責任逃れをして、自分が勝手にやったことにされる。どれもありがちなことです。

そこでいちいち落ち込んでいたら仕事になりません。思い通りにいかない現実を嘆いても、恨んでも、状況が好転するわけではありません。むしろ、落ち込んでいることで状況はさらに悪化していくので、早く気持ちを立て直して、前向きに頑張っていくしかありません。そうした厳しいビジネスライフを乗り切って行くために必要なのがレジリエンスです。

また、今は変動が激しく、先の読めない時代です。先の読めない変化の激しい時代を生き抜くには、失敗を怖れずに新たなことに積極的にチャレンジすることが必要です。

キャリア心理学の世界でも、クランボルツの「計画された偶発性理論」やブライトとプライヤーの「キャリアのカオス理論」などでは、キャリアは偶然に大きく左右されることが多いため、偶然のチャンスを活かすことが重要とみなされています。

キャリアデザインがもてはやされたこともありますが、私たちのキャリアは、世の中の流れや人との出会いなど偶然の要因によって大きく左右されるので、想定外の展開になるのがふつうです。この変動の激しい時代には、キャリアデザインなどしても、すぐにその軌道から逸れていき、「こんなはずじゃなかった」ということになりがちです。そんな時代に大切なのは、キャリアをデザインすることではなく、偶然の要因を味方につけることです。

そこで、最近のキャリア理論では、まず第1に、偶然のチャンスを逃さないように準備しておくことを推奨します。いつ、どんなチャンスが訪れるかわからないので、チャンスが来たらすぐに飛びつけるように、目の前の仕事に全力を注いだり、いろんなことに関心をもって勉強したりと、日頃から力をつけるための努力を怠らないことです。

第2に、偶然のチャンスに遭遇する機会を増やすため、積極的に行動することを推奨します。行動範囲を広げたり、新たなことにチャレンジしたり、積極的に行動することによって、思いがけない幸運に遭遇する機会が増えるはずです。その一方で、思いがけない不運な出来事に遭遇する機会も増えるかもしれません。そこで求められるのが、失敗を怖れずにチャレンジする積極性ですが、それが可能なのは、失敗しても大丈夫と思えるような対応力に自信がある場合です。

思いがけないネガティブな事態に見舞われてもストレスに耐え、しぶとく乗り越えていく粘り強さ。一時的に落ち込むことはあっても、すぐに立ち直って前向きに歩み出す回復力。まさに挫折や逆境を乗り越える力としてのレジリエンスがあってこそ、失敗を怖れずにチャレンジしていくことができるのです。

2　レジリエンスを高める

ストレス体験がレジリエンスを高める

レジリエンスの高い人は、大きな挫折経験をもつものです。深刻な挫折に見舞われ、立ちはだかる壁を何とか乗り越えようと必死にもがいた経験によって、レジリエンスが鍛えられます。

過保護な環境に守られて挫折せずに順調に来た人や、学力が高く学校時代に頑張っても思うような成果が出ないといった挫折経験をしていない人は、社会に出て思うような成果が出ない状況になると、非常に脆いところがあります。

ビジネスの世界は、どこも厳しいものです。学校時代と違って、競争が激しく、勝ち負けがはっきりしてしまいます。売れる商品があれば、売れない商品もある。競合する会社が受注したら、こっちは受注できない。同業他社のシェアが伸びれば、こっちのシェアは下がる。新たな技術や商品が開発されると、その煽りを受けて、従来の製品の売り上げがガクンと落ちる。そうした厳しい現実にさらされます。

個人レベルでみても、非常に厳しいものがあります。他の人たちはノルマを達成しているのに、自分は達成できない。同期のライバルが昇進したのに、自分は昇進できない。いくら頑張っても、上司に気に入られている同僚ばかりが贔屓される。実績が評価されなかったのか、上司から煙たがられているのか、遠方の出張所に左遷された。なぜか子会社に出向させられた。そのようなことがそこらじゅうでみられます。

このように、ビジネスライフは挫折だらけと言ってもよいくらい、だれもがストレスフルな状況に追い込まれます。そこを耐えて這い上がっていかねばならないわけですが、レジリエンスが鍛えられていないと、心が折れてしまい、挫折を乗り越える気力が湧いてきません。

そこで大切なのが、少しずつ挫折を経験すること、なかなか思い通りにならない厳しい状況に追い込まれる経験をしておくことです。子ども時代に強いストレスを経験するとレジリエンスが低くなると言われることがあります。でも、その根拠となるデータをみると、強いストレスというのがいじめや虐待という非常に極端なものになっています。ここでいう挫折経験とか、思い通りにならない厳しい状況を乗り越える経験というのは、いじめや虐待というようなものではなく、頑張ってもなかなか思うような結果につながらないような経験を指します。

人間を使った実験はなかなかできませんが、リスザルを使った一連の実験では、段階的にストレスにさらされることによってレジリエンスが高まることや、幼児期に軽いストレスにさらされたリスザルの方がストレスのなかったリスザルよりも青年期になってからの好奇心は強く、レジリエンスも高いことが確認されています。

こうしてみると、レジリエンスを高めるには、あえて厳しい環境に身を置くことも必要だとわかります。負荷をかけることで力がつくし、ストレス耐性が高まるので、自分よりちょっと上の先輩を目標にするとか、無理しないと達成できない目標に向けて頑張ってみるとか、ちょっと無理をすることを心がけるのがコツと言えるでしょう。

ときに自分を追い込む

「無理しなくていい」「こうすれば、ラクをしてうまくいく」「好きなことだけして生きる」「頑張らない方がうまくいく」というような安易なメッセージが世の中に溢れています。書店に行っても、ネットを見ても、その類のメッセージが溢れています。

人間というのは弱いもので、そのような安易なメッセージが目に飛び込んでくると、

「えっ、無理しなくていいの？」

「ラクをしてうまくいくような方法があるんだ」

「好きなことだけしてればいいんだ」

「頑張らなくてもいいんだ」

などと、悪魔の囁きに惹きつけられてしまいます。しかし、実際それでうまくいくことは稀です。そんなうまい方法がほんとうにあったら、だれもがラクしてうまくいっているはずですが、世の中を見渡してどうでしょう。そんな人を見つけるのは難しいはずです。厳しい社会をタフに生きている人は、ラクして自分を甘やかすようなことはせずに、むしろあえて厳しい環境に身を置くことによって、自分を鍛えているものです。

そこで、ストレス状況に強くなりたい場合、自分を追い込むことも必要になります。仕事

にがむしゃらに取り組むことで、その仕事に必要な能力が徐々に開発されていきます。適性というのは、がむしゃらな取り組み姿勢によってつくられていくものです。追い込まれれば追い込まれるほど能力は開発され、取り組んでいる仕事への適性が増していきます。必死にならないといけないような状況に追い込まれると、総力を結集してがむしゃらに動くしかない。いわば限界への挑戦によって、潜在能力が引き出されるのです。

無理をしなければ、それまでの能力で足りるわけだから、潜在能力は開発されません。負荷がかかるからこそ、潜在能力が開発されるのです。筋トレのメカニズムと同じです。心も無理をするからこそ、多少の無理にへこたれない強い心に鍛えられていくのです。

3　ネガティブ経験をポジティブに意味づける心の習慣をつける

私は自己物語の心理学を提唱しています。それはナラティブ（語り）研究でもあります。そのナラティブ研究で世界をリードしているのが、マクアダムスという著名な心理学者です。マクアダムスが日本の学会に招かれて来日したとき、京都で一緒に講演をすることになりました。

講演後の会食の場でいろいろ話したのですが、マクアダムスによれば、アメリカの成功者に共通する性質として、「ネガティブな出来事にもポジティブな意味を見出せる能力」に注目しているとのことでした。それは、まさしく私が自己物語研究を通して感じていることで、学会などでもアピールしてきたことでした。

私は、若者から高齢者まで、あらゆる年齢の人々から、生まれてから現在に至る自己形成史を語ってもらうという調査を長年にわたって続けてきました。そこでわかったのは、客観的にみれば相当に困難な目に遭っているにもかかわらず前向きに生きている人たちに共通にみられるのは、ネガティブな出来事からもポジティブな意味を読み取ろうとする心理傾向でした。

たとえば、今現在満ち足りた思いで暮らしている人と、不満の多い生活を送っている人を比べると、後者の方がネガティブな経験をたくさんしているというわけではありませんでした。経験した出来事にはほとんど違いはみられないのですが、経験した出来事の意味づけの仕方に大きな違いがみられたのです。

たとえば、今現在満ち足りた思いで暮らしている人は、大変な目に遭った経験を語る際にも、

「あの経験のおかげで、人の心の痛みがわかる人間になれた」
「あのおかげで心が鍛えられて、たいていのことではへこたれない強さが身についた」
「それがあったからこそ反骨心が育って、前向きに強く生きられるようになった」
などといった振り返り方をします。

一方、不満が多く、何かにつけて後ろ向きの人たちは、ネガティブな出来事を嫌なこととして嘆きつつ語るだけで、そこから今の自分につながるポジティブな意味を読み取ろうという姿勢がみられませんでした。

大変なことがいろいろあったにもかかわらず、自分の人生をポジティブに振り返ることができる人は、心が満ち足りた状態で暮らしているとともに、何ごとにも前向きに立ち向かっていけるというのが、長年自己物語を聴取してきた私の印象です。そのような人は、ストレス耐性が高く、逆境も前向きに乗り越えていけます。

そこで大切なのは、ネガティブな経験をポジティブに意味づける心の習慣を身につけることです。

4　ネガティブ感情をそのままに活かす

ネガティブ感情をもちこたえる力を鍛える

ポジティブにものごとを受け止めることは大事なことですが、何でもかんでもポジティブであればいいというわけではありません。何でもかんでもポジティブであればいいとみなす傾向を、私はポジティブ信仰と呼んでいます。最近はむやみにポジティブすぎる人が多くなっており、それはまさにポジティブ信仰の弊害と言えます。

たとえば、前項で指摘したように、ネガティブな出来事や厳しい状況にも自分にとってポジティブな意味を見出すことは、前向きに生きるためには大事なことです。しかし、常にポジティブでいたいから、失敗したことや叱られたことはすぐに忘れることにしているという人と話していると、それはちょっと違うのではないかと思います。それでは失敗から学ぶということができず、同じような失敗を繰り返すことになります。

思い通りにならないことがあったり、嫌なことがあったりすると、すぐに落ち込む人や人を逆恨みする人がこのところ目立ちます。ポジティブ信仰が広まっているせいで、ネガティブ感情をもちこたえる力が低下しているのではないでしょうか。

思い通りにならない状況が続いても頑張り続けるためには、いちいち落ち込んだりせずに、ネガティブ感情をタフにもちこたえる力が必要です。職場の同僚や取引先の人から嫌なことを言われたとき、いちいち腹を立てて言い返したりせずに、無難にかかわっていくにも、ネガティブ感情をもちこたえる力が必要です。価値観や性格が合わない上司から理不尽な評価を受けたり、会社の上層部から納得のいかない処遇を受けたりした場合も、与えられた状況の中で自分なりの納得の仕方を考えて働くしかないし、そのためにもネガティブ感情をもちこたえる力が必要です。

悔しいというネガティブ感情も、うまく活かせば仕事力を高めたり成果を出したりするためのモチベーションになります。ただし、悔しさをバネに頑張ることができるのは、ヤケになったり、泣き言を言って発散したりするのではなく、「もっと力をつけて、きっと見返してやる」というようにネガティブ感情をもちこたえながら前を向くことができるからです。

ネガティブ感情をもちこたえるためには、感情反応ではなく認知反応をする心の習慣を身につけることが必要です。思い通りにならないことがあっても、「もう嫌だ！」「もうダメだ」などと感情的にならずに、「どこがまずかったんだろう」「どうすれば挽回できるだろうか」というように頭で反応するようにします。

ひどい目に遭ったときも、「何でこんな目に遭わなきゃいけないの」と感情的になったところで、そんな目に遭ったのだから仕方がないので、「どうしたら少しはマシになるかなあ」と頭で反応するようにします。

人を出し抜こうとしたり、足を引っ張ろうとしたりする人に対して、「なんでこんな卑怯なことをするんだ」と感情的になったところで、そんなことをする人なのだからしようがないので、「どうしたらこういう人と無難にかかわっていけるだろうか」と頭で反応するようにします。

ネガティブな感情を「嫌だ」「捨てたい」と思って避けようとするのでなく、それをもちこたえることで、自分をよりよい状態にもっていこうというモチベーションに変えることができます。不安や怖さ、苦しさといったネガティブな感情をもちこたえることができるからこそ、悔しさをモチベーションに変えたり、自分の限界を乗り越えたりできるのです。

ネガティブ感情をもちこたえるタフな心をもつには、レジリエンスのところでも強調したように、あえて困難にチャレンジすることも必要です。いわば、挫折経験が心を鍛えてくれます。納得のいく人生を送っている人が多くの挫折を経験しているのも、挫折によって鍛えられた心は、どんな人生の荒波も乗り越えていくことができるからです。

逆境を乗り越える経験は自信になります。たとえ乗り越えることができない場合も、頑張り続けることができたということが自信になります。そうした自信が根底にあれば、ネガティブ感情をもちこたえることができるのです。

ネガティブ経験を活かそうという心の構えをもつ

ストレスに強くなるということは、ネガティブな経験に潰されないようにすることです。そこで大切なのは、ネガティブな経験を教訓にできる心の構えをもつことです。心理学者バウマイスターたちは、これまでの心理学のさまざまな研究成果をもとに、ネガティブなものはポジティブなものよりも強力なインパクトをもつと結論づけています。

たとえば、嫌な感情は良い感情よりもインパクトが大きい。好ましくない両親は、好ましい両親よりも強力なインパクトをもつ。否定的なフィードバックは、肯定的なフィードバックよりも強力なインパクトをもつ。ネガティブな情報は、好ましい情報よりも、注意深く検討される。私たちは、良い結果を追求するよりも、悪い結果を回避するように動機づけられている。このように、総じてネガティブなものの方がポジティブなものよりもインパクトが大きいことがわかっています。

このことは、行動経済学で得られた知見とも一致します。

たとえば、行動経済学によれば、私たちには、不確実であっても大きな利益につながる可能性のある選択肢よりも、少なめであっても確実に利益が得られる選択肢を好む習性があります。利益がいくらか少なくなることよりも、利益が得られなくなることを避けようとするのです。

また、私たちは損失を嫌うため、損失をできるだけ小さくする可能性、できれば損失を回避できる可能性にこだわる習性があります。そのため、一定の損失を確定するよりも、損失が膨らむ可能性があるものの、もしかしたら損失なしですませられる可能性に賭けようとする傾向があります。

このようにネガティブな経験や感情のインパクトが大きいのは、進化論的な意味があり、リスクを避けるには好都合であるとみることができます。嫌な経験を繰り返したくないという思いが、軽率な行動の回避、用意周到な準備を促し、致命的な失敗をするのを防いでくれるのです。

したがって、不安のようなネガティブなものを排除しようとせずに、不安を利用してより完璧な準備をして失敗を減らそうとする。嫌な経験を忘れるのではなく、それを教訓にして、似たような失敗を二度と繰り返さないようにする。いわば、ネガティブな心理や経験を活かそうという心構えを意識してもつことが大切となります。

ネガティブ気分のポジティブパワー

ポジティブになることがよく推奨されていますが、ネガティブな出来事にもポジティブな意味を見出そうとするのは大事なことです。それはネガティブな気分を否定するということではありません。

ネガティブな気分がストレスになるのも事実ですが、そのストレスに耐えることができれば、ネガティブな気分のもつ効用を活かすことができます。何をするにも不安や緊張感が乏しく、ひととおり準備をして「これで大丈夫」と思う人は、安心しすぎるため準備不足に陥りがちです。

一方、不安や緊張感が強く、「これで大丈夫か」「ほんとうにこれでいいのか」「何か足りないことはないだろうか」としつこく自分自身に問いかける人の方が、十分な準備ができ、結果的に良い仕事ができるということがあります。

「これで大丈夫か」と不安になるから、いろいろ調べないと気がすまなくなる。いくら調

図表30　不安の意味と不安が強いことのメリット

危機的な状況 → 不安喚起 → 適切な対処

不安の強い人

- 慎重な行動
- 用意周到な準備
- 改善的に気づきやすい
- 不測の事態への対応力の高さ

べても、どんなに準備をしても、まだまだ足りない点があるような気がして落ち着かない。安心できない。そうした心理状態が、仕事の質を高めることにつながるのです。

たとえば、プレゼンの準備をしていても、「ライバルがどう出てくるか」「どんな質問が出るか」など、あれこれ考えるうちに不安が高まってきます。「ライバルがもっと魅力的な提案を打ち出したらどうしよう」「強烈なプレゼンをしてきたらどうしよう」などと、ライバルの動向が気になって仕方がない。クライアントは、いったいどんな要因を最も重視してるのだろう、その場でいったいどんな質問が出るだろうか、答えられなかったら致命傷だなどと、本番でのやりとりがまた気になって仕方がない。そうした不安ゆえに、あらゆる角度から検討して準備をするため、準備不足のために失敗するという確率が低くなるのです。

先のことを不安に思うだけでなく、すんでしまったことも、「あれでよかったか」「相手にイヤな感じを与えなかったか」「もっと工夫の余地があったのでは」などと反省的に振り返るため、改善点に気づくことができ、さらなる仕事の向上につながります。

このように、不安が強いタイプは、不安を何とか払拭しなければならず、自然に緻密にものごとを考える思考習慣が身についているため、結果的に成功する確率が高いのです。反対に、仕事のできない人は、思慮が浅いために不安が少ないのです。そして、不安に駆り立てられることがないため、仕事ができるようにならないのです。

そこで注目したいのが、ノレムとキャンターのいう防衛的悲観主義です。防衛的悲観主義とは、これまで実績があるにもかかわらず、将来のパフォーマンスに対してはネガティブな期待をもつ心理傾向を指します。

仕事ができる方で、上司からすれば安心して任せられる人物なのに、本人はなぜか不安が強く、自分のやり方や判断に自信がなく、しょっちゅう相談に来るというタイプがいるものです。もっと自信をもってもよいと思うわけですが、そんなタイプに対して、

「これまでしっかり成果を出してるんだし、周囲の連中よりできるはずだから、そんなに神経質にならずに、もっと自信をもって。いろいろ考えすぎるクセを直した方がいい。ポジ

ティブにいこう」

などとアドバイスすると、仕事の質が落ちることになりかねません。防衛的悲観主義者は、不安だから成果が出せているのであって、ポジティブ思考を吹き込まれて不安がなくなると、かえってパフォーマンスが低下してしまいます。

ノレムによれば、防衛的悲観主義者は、これから起こることに関して徹底的にネガティブに思考をめぐらす。不安になり、「最悪の事態」をあらゆる角度から悲観的に想像しては、失敗するのではないかと怖れる。しかし、結果的には最もうまくいくタイプなのです。

不安の強い自分をポジティブにとらえる

不安というのは元々動物としての人間に備わった防衛本能によってもたらされるものです。ここは緊張感をもって臨まないと危ないといった状況で、人は不安になります。その不安のお陰で、危機的な状況に適切な対処ができるのです。もし不安がなければ、つい油断してしまい、危機的な状況にうまく対処することができなくなります。

ビジネスの世界ではコミュニケーション力が重視されています。いくら知識や技術をもっていても、人とコミュニケーションがうまくとれないとビジネスはうまくいきません。人間には、気持ちで動くという面があります。理屈はわかるけど、気持ちがついていかないということがあるでしょう。

逆に、気持ちが通じ合えば、ちょっと無理な話も受け入れてもらえることがあります。そこで大事なのが気持ちを通い合わせることですが、それにも不安が関係していることがわかっています。

心理学者チビ＝エルハナニたちは、対人不安と共感能力の関係を検討する調査と実験を行っています。その結果、対人不安の強い人の方が、他者の気持ちに対する共感性が高く、相手の表情からその内面を推測する能力も高いことが証明されました。不安が相手の気持ちに対する共感能力と関係していたのです。ここから言えるのは、不安の強い人の方が人の気持ちがよくわかるということです。

不安が強いということは、用心深さに通じます。それが対人場面では、相手の心理状態に用心深く注意を払うといった心理傾向につながります。そのため、相手の気持ちがよくわかり、適切な対応ができるのです。それに対して、不安があまりないと用心深くならず、対人場面でも相手の心理状態に用心深く注意を払うということになりにくいため、相手の気持ちに関係なく自分の都合で一方的にかかわることになりやすいというわけです。

たとえば、不安の強い人は、人に何か言うときも、「こんなことを言ったら、感じ悪いかもしれない」「こういう言い方をしたら、気分を害するかもしれない」「傷つけるようなことを言わないようにしなくては」「うっかりすると誤解されかねないから、言い方に気をつけないと」などと考え、言葉を慎重に選び、言い方にも気を遣います。相手の気持ちを配慮できるため、人間関係のトラブルが少ないのです。

一方、あまり不安のない人は、相手がどう受け止めるか、どんな気持ちになるかなどを気にせずに、思うことをストレートにぶつけてしまいがちなため、相手の気分を害したり、傷つけたりして、人間関係をこじらせてしまうことがあります。いわば、無神経な言動をしてしまう可能性が高いわけです。

不安には、不測の事態への対応力を高めるという利点もあります。どんなに用意周到に準備をしても、思いがけない問題が生じることがあります。「想定外」のトラブルを防ぐべく、いくら注意深く行動しても、「想定外」のトラブルが生じてしまうこともあります。そこで問われるのが、不測の事態への対応力です。

「失敗したらどうしよう」と不安になりがちな人は、万一ダメだったときのことも想定し、次善の策を考えたり、いざというときの代替案・代替物を用意しておいたりします。そのため不測の事態にもうまく対応することができるのです。ネガティブな気分になることを怖れずに、「失敗したらどうしよう」と思うからこそ、不測の事態への対応力が高まるのです。

第5章 ストレスを生まない、ストレスに負けない職場づくり

1　ストレスを生まない職場環境づくり

ストレス源もストレスを和らげるのも人間関係

労働者にとっての2大ストレッサーは、仕事の過重負担と職場の人間関係です。人間関係は重大なストレス源でもあるわけですが、ソーシャルサポートがストレスを緩和すると言われるように、人間関係はストレスへの抵抗力を高める要因でもあります。

つまり、人間関係には、ストレスをもたらす側面もあれば、ストレスを和らげてくれる側面もあるということになります。

とくに日本のような「間柄の文化」では、人間関係要因は、ストレス源としても、ストレス緩和要因としても、非常に重要となります。そこで、ストレスを生まない職場づくり、ストレスに負けない職場づくりとしては、人間関係のストレスを和らげてくれる側面を活かすことが鍵になります。

第3章で自己開示のもつストレス緩和効果を指摘しましたが、ストレスコーピングのひとつとして、何でも語り合える人間関係をもつことがストレスを緩和します。

それを職場づくりに応用すれば、気になることや不安なことなど、何か心に引っかかることがあったら、それを率直に話したり、どうしたらよいかわからないときや迷うときなどは遠慮なく相談したりできる雰囲気が職場にあることが大切ということになります。

とくに人間関係に揉まれることなく育ってきたために人間関係力が弱いとされる若い世代は、何でも語り合えるような関係を自分からつくっていくのは苦手です。ゆえに、不安なときや迷うときには気軽に話したり相談したりできるような雰囲気づくりが重要になります。

職場の雰囲気づくりを心がけるように促すだけでは、サポートとなる人間関係がなかなかできていかないので、サポートとなる関係を職場が制度として提供することも必要と言えます。

メンター制度とは

傷つきやすい若手や社会的スキルの乏しい若手が増え、職場適応がスムーズにいかないケースが目立つことから、多くの職場が取り入れつつあるのがメンター制度です。

メンターというのは助言者とか指導者という意味ですが、職場におけるメンター制度では、上司ではなく気軽に話せる先輩をメンターにして、新人のサポート役を担ってもらうのが一般的です。

メンターは、まだ仕事や職場のことがよくわからない新人や若手に対して、仕事上必要なアドバイスをしたりして実務上の面倒をみるだけでなく、悩みや迷いの相談に乗るなど精神的な支えとしても機能することが大切です。それがストレス耐性の低い人たちが耐性を高めることにつながります。

ストレス耐性には社会的スキルが関係すると言われます。ストレス耐性の低い人は社会的スキルが乏しいためにサポートとなる人間関係を築くことがなかなかできません。ゆえに、職場ぐるみでそのようなサポート体制をつくっていくことが大切なのです。

やがては一方的に頼るのではなく、サポートし合える人間関係を自ら築いていけるようになることが必要です。そのためにも、メンターをつけるだけでなく、研修などで社会的スキルを磨くトレーニングを行うことも大切です。

カウンセリング・マインドを取り入れる

仕事生活にはストレスがつきものです。なかなか思うような成果を出せない自分、十分に力を発揮できない自分、ミスばかりしてしまう自分、そんな自分を情けなく思うとともに、もっと仕事ができるようになりたいといった思いを抱えていることが多いはずです。

でも、どうしたらよいかわからない。何とかしたいという思いがあると同時に、怠惰な自分、惰性に流され、安易な方に流される自分もいる。そんな状況の中、もどかしく思うものです。

そこで、そうした思いに焦点を合わせた対話を心がけるのです。具体的には、チェンジ・トークを引き出します。

現状の問題や不満。変わることの必要性やメリット、このままでいることのデメリット。変わりたいという気持ち。変わる方向性の模索。変われそうな気持ち。変わろうという決断。そうした思いを語るチェンジ・トークを引き出すのです。

その際に問われるのが、上司と部下あるいは先輩と後輩の関係性です。信頼関係、好意的な関係があることで、好ましい変化が生じてきます。そこで参考となるのがカウンセリングの基本条件です。

カウンセリングというのは、特殊な人間関係を通して、迷い悩む人が好ましい方向に変化していくのを促進することです。カウンセリング理論を体系化した臨床心理学者ロジャーズは、迷い悩む人に好ましい変化が生じるために、カウンセラーは、無条件の肯定的配慮と共感的理解を心がけなければならないと言います。

無条件の肯定的配慮というのは、条件なしに受け入れるということです。これを上司―部下の関係に当てはめれば、「仕事ができなければダメだ」「有能でないと認めない」「こっちの言うことを聞かないと許さない」といった条件をつけないで、そのままの部下を丸ごと受け入れることを指します。

「なんでもっと頑張れないんだ」「こんなこともできないのか」「いちいち言われないとわからないのか」といった非難がましく思ってしまうのは、「頑張れないやつはダメだ」「こんなこともできないようではダメだ」「いちいち言われなくてもわかるようでないと困る」といった条件を部下に要求する姿勢があるからです。

これでは行き詰まってもがいている部下に好ましい変化が生じにくくなります。「できる・できない」「わかる・わからない」などといった条件なしに、部下を人間として肯定的に見る姿勢が必要です。温かい目を向けてくれる。そう感じることで、部下の中に頑張る気持ちが湧いてきます。

共感的理解とは、部下の視点に立って、その思いを感じとろうとすることです。上司の側の視点からすれば、「なんでもっと頑張れないのか」「こんなこともできないのか」「いちいち言われないとわからないのか」ということになりがちです。でも、部下の視点に想像力を働かせてみると、違った景色が見えてきます。頑張れない自分に対する苛立ち。こんなこともできない自分に対する自己嫌悪と自信喪失。いちいち言われないと気づかない自分の無能さに対する落胆と落ち込み。そういった思いをわかってくれる、わかろうとしてくれる。そう感じることによって、部下の気持ちに肯定的な変化が生まれ、頑張れそうな気持ちになってきます。

ナラティブの力を利用する

だれでも悩んだり迷ったりするときは、だれかに話したくなるものです。だれかに話すことで、自分の中で混乱している思いが整理されていきます。

部下から何か相談されたとき、あるいは相談というほどでなくても迷う思いを聞かされたときなど、何かアドバイスをしてあげなければといった思いに駆られます。何か有効なアドバイスができないと、せっかく話してもらっても何の役にも立てないと考えがちです。

でも、安易にアドバイスをしても、あまり役に立たないものです。本人がいくら考えても出口が見つからないような悩みや迷いに対して、他人がそう簡単に解決策をアドバイスできるものではありません。

そこで心の留めておきたいのが、ただじっと耳を傾けているだけで、十分役に立っているということです。カウンセラーも安易にアドバイスするようなことはしません。悩む人、迷う人に思う存分語らせて、その語りにじっくり耳を傾けるのがカウンセラーの重要な役割です。職場でも、悩みや迷いを抱え、それがストレスになっている人には、思いを引き出してあげることが大切になります。

相手は、話しているうちに、気持ちが楽になるとともに、考えが整理され、進むべき方向性が見えてくるのです。けっして、「こうしたらよい」「こうしてみたらどうか」といった具体的なアドバイスを求めているわけではありません。じっくり耳を傾けてくれる聴き手を求めているのです。

自分の思いを語ることには、第3章でも述べたように、カタルシス効果や自己明確化効果があります。胸の中に溜め込んだ思い、うごめく思いを吐き出すと、気分がスッキリします。それがカタルシス効果です。また、人に語るには、まだ言語化できていない心の中のモヤモヤした思いを言語化しなければなりません。ゆえに、語ることによって、自分が何を不満に思っているのか、何でムシャクシャしているのか、どうしたいのかなど、自分の思いがハッキリしてきます。それが自己明確化効果です。

自分の思いを語ると、このようにカタルシス効果が働いて気分がスッキリするとともに、自己明確化効果が働いて自分の思いが整理できるため、気持ちに余裕ができ、現実検討能力も高まり、問題点が整理されてきます。これこそがナラティブ（語り）の力です。

カウンセリングにおいて、ひたすら聴き手であるカウンセラーがいるだけで、語り手であるクライエントの抱える深刻な問題が整理され解決していくのも、ナラティブの力が作用するからと言えます。

このようなナラティブの力を最大限に活かすべく、よい聴き手に徹する姿勢が大切です。

２　職場のレジリエンス要因を高める

居場所感のある職場の雰囲気

周囲の人たちとの信頼関係は、ストレスによる悪影響を軽減するレジリエンス要因となります。とくに日本のように人間関係を重視する社会では、職場の居場所感が非常に重要なレジリエンス要因と言えます。

欧米のような「自己中心の文化」の場合は、自分がどんな待遇でどんな仕事をするかが重要なので、就職というのは仕事選びになります。それに対して、「間柄の文化」の日本では、一緒に過ごす人たちとの間柄の影響を大きく受けるため、就職は就社と言われるように職場選びといった感じになります。

そのため、就活にあたっても、職場の雰囲気が非常に気になるのです。職場の人間関係が良好で、職場が自分の居場所という感じであれば、仕事上のストレスに対するレジリエンスは高まります。しかし、職場の雰囲気が殺伐とした感じだと、仕事上のストレスに対するレジリエンスは低く、ちょっとしたことでストレス症状が出やすくなります。

ゆえに、職場の人間関係を良好に保つように、関係づくりを心がけることが大切です。前節で指摘したメンター制度を取り入れるのも有効でしょうし、カウンセリングマインドで接して部下の気持ちを引き出すことも有効です。

職場の研修等で心理教育を取り入れる

ストレスへの抵抗力や対処能力を高めるには、ストレスに関する心理教育を研修等で取り入れるのが効果的です。

その基本要素は、次のようなものになります。

①ストレス反応にはどんなものがあるか

それを知っておくことで、自分自身にストレス反応が出ている場合、その徴候に早めに気づくことができます。

②どんなことがストレッサーになるか

それを知っておくことで、自分にストレス反応が出ているときは、何がストレッサーになっているかの見当をつけることができます。また、重大なストレッサーがあることがわかれば、ストレスを溜め込まないように、ストレス発散を心がけることができます。

③ストレスに弱い人と強い人では、ストレッサーの認知的評価にどのような違いがあるか、また望ましくない認知的評価のクセをどのように修正すればよいか

それを知っておくことで、ストレスに強い認知的評価、つまり前向きの受け止め方を身につけることができ、ストレス耐性を高めることができます。

④ストレスコーピングにはどんな方法があるか

それを知っておくことで、いざというときにストレス対処がしやすくなるし、日頃からコーピングを心がけることでストレスを溜め込まないですみます。

⑤どのようにして社会的スキルを高めたらよいか

それを知っておくことで、社会的スキルを高めることができ、いざというときにソーシャルサポートが得られるような人間関係を築くことができます。

⑥ストレス症状が出ることの怖ろしさの認識、およびストレスに対処することの重要性の認識

このような認識がないと、「仕事なんてストレスがあって当然」「ストレス対処なんかしなくても大丈夫」「人のサポートなんていらない」といった意識になり、知らないうちにストレスを溜め込み、ひどいストレス症状が出て初めて自分が危機的状況にあることに気づくといったことになりがちです。

3　ほめて育てることの功罪

ほめて動かすことの効用と弊害

レジリエンスが低く、叱責や注意に耐えられず、ちょっとしたことで傷ついて、反発したり落ち込んだりする若手が増えてきたことから、職場で厳しく鍛えるということがやりにくくなってきたというのが日本の多くの職場の現状と言えます。だからといって放っておいたら、いつまでたっても仕事ができるようにならず、戦力になりません。そこで、レジリエンスの低い若手を何とかおだてて教育しようといった動きも出てきています。

20年ほど前から子育てや教育の世界に「ほめて育てる」という方式が積極的に導入されるようになったわけですが、遅ればせながら企業でも「ほめて育てる」というやり方が取り入れられ始めたのです。考えてみれば、厳しく叱られることなく、ほめて育てられた人たちにとって、厳しく鍛えるというやり方が耐えられないのは、ごく当然のことと言えます。

ほめて育てるというやり方は、企業などでも一定の効果を上げているようですし、レジリエンスが鍛えられていない従業員たちを戦力に仕立て上げていくには必要かつ効果的な方法と言ってよいでしょう。ただし、ほめて育てるというやり方は、即効性はあっても、長い目で見ると弊害もあることは見逃せません。

傷つきやすい従業員たちを動かすには、傷つけないようにほめて動かすことも必要かもしれませんが、レジリエンスを鍛えることも必要なのではないでしょうか。逆境に弱く、失敗するたびに心が折れるのでは、仕事になりません。

レジリエンスが高まれば、まだ鍛えられていない現状では辛く耐えがたいことでも、耐えられるようになるわけですから、本人にとっても大きな収穫と言えます。いわば、筋トレをしていない人に20キロのバーベルを持ち上げさせるのは酷なことで、筋肉を痛めるかもしれませんが、日頃からしっかり筋トレをして鍛えている人にとっては何の苦痛もないというのと同じです。

ゆえに、負荷を軽くしてラクにしてあげる、傷つけないように配慮するといった最近の職場では、レジリエンスが鍛えられないという問題があるのです。

ちょっとやそっとのことでは心が折れたりしない、ストレスに強い心をもてるように、少しずつ厳しい負荷を与えて鍛えてあげることも大切です。

能力や結果よりも努力や挑戦をほめる

何でもほめよう、とにかくほめて育てようというやり方には問題がありますが、現実に目の前に傷つきやすい若手がいるため、厳しいことばかり言っていたら潰してしまいます。部下を動かそう、育てようというなら、ある程度ほめることは必要になります。

そこで注意すべきは、ほめる際も頑張る力がつくようなほめ方をすることです。そのコツは、結果や能力をほめるよりも、プロセスや努力をほめることです。

その背景にあるのは、「能力（才能）」をほめると守りの姿勢になりチャレンジしにくくなるけれども、「頑張り（努力）」をほめると積極的にチャレンジできるようになり、成果も上がっていくという心理法則です。それを証明したミューラーとドゥウェックの心理学実験をみてみましょう。

彼らは、子どもたちに知能テストに似たパズル解きのテストをやらせました。それは非常に簡単で、子どもたちはみんなよくできたため、テスト終了後に、優秀な成績だった、少なくとも80%は正解だったと伝えられました。

それから子どもたちは3つの条件に振り分けられました。

第1条件…こんなに成績が良いのはまさに「頭が良い」証拠だと言われる

第2条件…何も言われない

第3条件…こんなに成績が良いのは一所懸命に「頑張った」からだと言われる

そして、これから取り組む2種類のパズルの特徴を説明し、どっちのパズルをやってみたいかを尋ねました。一方は、あまり難しくなくて簡単に解けそうなもの、つまりチャレンジのしがいはないものの、良い成績を取って自分の「頭の良さ」を示すことができそうなパズルでした。もう一方は、難しくて簡単に解けそうもないもの、つまり良い成績を取って自分の「頭の良さ」を示すことはできないかもしれないけれども、チャレンジのしがいのあるパズルでした。
結果をみると、条件によってどちらのテストを選ぶかが明らかに違っていました。
第1条件（「頭が良い」とほめられた）…67％と大半が簡単な課題の方を選んだ
第2条件…簡単な課題を選ぶ子と難しい課題を選ぶ子が、ほぼ半々
第3条件（「頑張り」をほめられた）…簡単な課題を選んだ子は8％、92％が難しい課題を選んだ
このような結果から言えるのは、ほめることがモチベーションに与える影響は、ほめ方によって異なり、「頭の良さ」をほめるより「頑張り」をほめる方が、チャレンジ精神を刺激するということです。「頭の良さ」をほめられると、その期待を裏切らないように、確実に成功しそうな易しい課題を選ぶようになります。それに対して、「頑張り」をほめられると、次も頑張ろうということで、チャレンジしがいのある難しい課題を選ぼうとするのです。
最後に、はじめにやったものと同じくらい簡単なテストをみんなにやらせました。その結果、最初のテストの後に「頭の良さ」をほめられた子どもたちの成績は、最初のテストのときよりも大きく落ち込みました。反対に、最初のテストの後に「頑張り」をほめられた子どもたちの成績は、最初のテストのときよりも大幅に向上していました。

このような実験結果をみても、やたらとほめるばかりではチャレンジしにくい心がつくられやすいことがわかります。

部下をほめる際には、能力でなく頑張りをほめる、現状を乗り越えようと頑張っているときにほめる、結果が出なくても挑戦する心の姿勢をほめる、といった点に留意する必要があります。

また、自分自身が親や先生から能力・才能や結果をほめられてきたという自覚がある場合は、守りの姿勢になりチャレンジできない心の習慣を身につけている可能性があるので、人からの評価や結果をあまり気にせず、努力やプロセスを重視するように意識することが必要です。

4　難しい部下への対処法

注意するとすぐに反発したり傷ついたりする部下への対処法

仕事上の失敗やまずい点を注意すると、必要以上に落ち込む部下がいて困るという声をよく耳にします。ショックのあまり翌日から休んでしまうといったケースも珍しくないようです。

落ち込むタイプばかりではありません。とくにきつい叱責をしたわけでなく、軽く注意しただけでも、ムッとした感じになったり、ムキになって言い訳したり、陰で悪評を流したりと、反発を示すタイプに手を焼くという上司も少なくないようです。いずれも傷つきやすいところに問題の根があります。

注意する上司や先輩の側は、失敗を繰り返さないように注意したり、やり方のまずい点は改善してもらわないと困るから注意するのであって、けっして意地悪をしているわけではありません。それでも、傷つきやすい心には、注意されると攻撃されたように感じられ、それで落ち込んだり、反発したりします。アドバイスしてくれたと受け止める心の余裕がないのです。

そうしたことの背景には、やはり「ほめて育てる」という過保護なしつけや教育のせいで、叱られることに慣れていないということがあります。そのため注意されることへの抵抗力や対応力が身についておらず、注意されたらそこを直せばよいと考えることができずに、攻撃されたように感じてしまうのです。

企業経営者たちと話すと、最近の新人は注意すると反発したり心を病んだりするから扱いが難しいという話題がよく出ますが、学生たちと話していると、ほめて育てられた世代がいかに注意されることに抵抗をもっているかがわかります。叱られることに慣れていないため、叱られることは自分に気づきを与えてくれることであり、自分のまずい行動を修正するきっかけになるといった発想がなく、叱られることは感じ悪い、ムカつくということになるのです。これで、注意するとすぐに反発する若手部下の心理メカニズムがわかるでしょう。

傷つきやすい部下への対処法――情緒的コミュニケーションを使う

反発する部下も厄介ですが、必要以上に落ち込む部下にもお手上げです。ちょっと注意すると、「自分はダメだ、きっと見捨てられる」とでも思い込んでいるかのようにひどく落ち込む人もいます。ショックのあまり仕事をしていても上の空状態。

これはまずいと思い、「これから気をつけてくれればいいんだから、あまり気にしないように」と励ますしかありません。それでもいったん落ち込むとなかなか気分は浮上せず、気まずい空気が漂います。ひどいときは翌日から休んでしまいます。そうなるとおかしな噂になったり、部下を追い込んだみたいな印象になり、管理能力を問われるため、うっかり注意もできなくなってしまいます。そのような若手の態度や行動の改善をはかるには、情緒的コミュニケーションを意識することが大切です。

コミュニケーションには、情報を伝達する機能と気持ちを伝え合う機能があります。情報を伝達する機能を道具的機能、気持ちを伝え合う機能を情緒的機能と言います。

道具的機能を担うのが道具的コミュニケーションです。つまり、道具的コミュニケーションとは、必要な情報のやりとりをするものです。いわば、用件を伝達したり、意見交換をしたりするコミュニケーションであり、必然的に論理性が求められます。したがって、道具的コミュニケーションは、論理的になります。

情緒的機能を担うのが情緒的コミュニケーションです。これは気持ちのやりとりをするコミュニケーションであり、気持ちをつなげ、気持ちの安定をはかったり良好な関係を築いたりするコミュニケーションです。

人は頭だけで生きているわけではなく、気持ちで生きているようなところがあります。いくら頭で理屈はわかっても、気持ちがついていかなければ行動に移せません。

たとえば、学校時代を振り返ってみれば、勉強をしっかりしないといけないと頭ではわかっていても、夏休みなど暑さに負けてなかなかやる気になれないということもあったはずです。

会社の会議でも、自分の意見に反論されたときなど、理屈では相手の方が正しいと思っても、相手の言い方があまりにバカにした感じだったり、あまりにイヤらしかったりすると、悔しくて反論できるような理屈立てを必死に考えたりするはずです。でも、相手が日頃から仲の良い人で、言い方も感じ悪くなければ、自分の意見を引っ込めて、ふつうに相手の意見に賛同する気持ちになれるでしょう。

傷つきやすい人は、何かにつけて過敏でビクビクして警戒しているため、ちょっとした言葉や態度に傷つき反発したり落ち込んだりしやすいのです。そこで、気持ちをほぐすような言葉がけをする必要があります。

気持ちがつながると、感情的にならずに、こちらの言動を素直に受け入れてくれやすくなります。まずは気持ちをほぐすこと。そのために必要なのが情緒的コミュニケーションです。必要なことを伝える道具的コミュニケーションをちゃんと取っていればいいといった姿勢だと、傷つきやすい人との関係を良好に保つのは難しいでしょう。雑談などを通して気持ちをつなげるような情緒的コミュニケーションを意識して用いるように心がけたいものです。

もうひとつ効果的なのが、クッションとなる枕詞を使うことです。

たとえば、ミスを指摘して注意するときも、「そんなやり方ではダメだ、こんなふうにやらないと」といきなり注意するのでなく、「慣れないうちはみんなそこで躓くんだよな」「僕もはじめてのときは同じようなミスをしたもんだ」というように、クッションになるような前置きをして、注意が傷つきやすい心に突き刺さらないように配慮します。それによって、こちらの注意やアドバイスを素直に受け入れやすい心理状態に相手をもっていくのです。

このような相手の気持ちをケアするようなコミュニケーションが効果的と言えます。

ストレスマネジメントができていないと体調も崩しやすい

ストレスに弱い人の特徴として、すぐに体調を崩すということがあります。レジリエンスが低いため、ストレスがかかると、その影響がもろに身体に出やすいのです。

年中風邪をひいている人やしょっちゅう腹痛に悩まされている人は、身体そのものの問題というよりも、心の抵抗力の問題を抱えている可能性があります。

風邪はウイルスによる病気ですが、ウイルスが体内に侵入しても、発症するかどうかは免疫力によります。免疫力が高ければ、たとえウイルスが体内に侵入しても発症を防ぐことができます。

その免疫力には、心の習慣が深くかかわっています。年中風邪をひいている人は、レジリエンスの低さを疑ってみるべきでしょう。あるいは、最近風邪をひきやすくなったと感じる場合は、免疫力が低下していると考えられるので、過重なストレスがかかっていないかチェックしてみる必要があります。

嫌なことがあるとすぐにお腹の調子が悪くなる人がいます。上司に叱られた翌朝、出勤しようとするとお腹が痛くなる。重大なミスをして取引先に謝罪に行かなければならず、向こうは怒ってるだろうなと思うと憂鬱な気分になり、お腹が痛くなる。そのような人も、レジリエンスを鍛えることで体調不良から解放されるかもしれません。

第3章で指摘したように、心理学の研究によって、ものごとを多面的に見ることのできる人、つまり認知的複雑性の高い人は、落ち込みにくく、うつ症状になりにくいばかりでなく、風邪などの感染症にもなりにくいことがわかっています。ものごとを多面的に見ることによって心の免疫力が高まり、心身のストレスに強くなるのです。

逆に言えば、ものごとを一面的にしか見ない認知の単純な人は、落ち込みやすいばかりでなく、体調も崩しやすいということがあります。そのようなタイプは、ストレスがかかると緊張状態を持ち堪えることができずに体調を崩してしまうのです。体調不良に悩まされている人は、レジリエンスを高めることを考えましょう。

レジリエンスを高めるには、ストレスコーピングのレパートリーをもつようにして、適切に実践することも大切です。そのようなアドバイスをしてあげることも必要でしょう。しっかりとコーピングをすることで体調不良も改善できるはずです。

5 従業員のメンタル不調には職場外の要因が絡んでいることもある

従業員のストレスというと、仕事の過重負担や職場の人間関係など、仕事・職場絡みのストレスを想定しがちですが、それではほんとうのストレッサーを見逃してしまうことがあります。

たとえば、ストレス症状がみられたときの直接のきっかけが仕事のミスであっても、日頃からプライベートな人間関係、たとえば恋愛関係の悩みがあって、それがちょっとした仕事のミスにも耐えられない心の状態にしていることもあります。文句を言ってきた取引先の担当者に怒鳴り返してしまったというような場合も、家族関係のストレスを溜め込んでいたために、ちょっとした刺激にも我慢できず過剰に反応してしまったということもあり得ます。

恋愛関係や家族関係だけでなく、本人の病気の問題や借金など経済的な問題、ギャンブル、友人関係のトラブル、騒音のような近隣トラブルなど、仕事・職場以外のさまざまなストレッサーがあり得ます。

ゆえに、ストレス症状がみられたり、ちょっとしたことに過剰に反応しがちな様子がみられたりしたら、本人との話し合いで、何がストレッサーになっているのかを見極めることになりますが、その際にプライベートも含めて話を聴いていく必要が生じることもあります。ただし、プライバシーに強引に踏み込むのは禁物です。本人の自発的な発話を促すような傾聴の姿勢を取るのが原則です。

6　メンタル不調者との接し方

積極的傾聴の姿勢で話を聴く

深刻なストレスを抱えて落ち込んでいる人、心を病んでいる人は、自分でも心の中が整理できていないため、要領を得ない話し方をするものです。そのような話をひたすら聴き続けるのは、だれでも疲れます。そこで、こちら側から確認したいことがあったりすると、つい話を急かすような言葉を挟んだり、質問攻めにしたりしがちです。でも、それでは相手は話

図表31　積極的傾聴スキルのポイント

①相手に関心をもつ
②相手の話に意識を集中する
③うなずきを多用する
④相づちを打ちながら聴く
⑤共感を示しながら聴く
⑥相手の言葉の一部を繰り返す（オウム返し）
⑦質問をすることで、関心をもって聴いていることを伝える
⑧似たような経験が自分にもあれば、それを簡単に話す

しにくくなってしまいます。相手の話をちゃんと聴くために心がけたいのは、人の話を遮らないこと。そして、話すよりも聴くことを意識することです。

そこで有効なのが積極的傾聴の姿勢です。そのポイントは、相手に関心を向け、その言いたいことや気持ちを「わかりたい」という思いで、話を聴くことです。相手の言いたいことをわかろうとするなんて当たり前のことではないかと思うかもしれませんが、じつは多くの人は相手の話をコトバとしては聞いても、そこに込められた思いまで汲み取ろうとしていないものです。

たとえば、ひと言聞いただけで、「そんなこと考えたってしょうがないだろうに」などと自分の考えを押しつけようとする人がいます。向こうがどんな気持ちなのか、なぜそう考えるのかをわかろうとせずに、すぐに批判的なことを言ったり、たしなめたりします。

これでは相手にとってのサポートになりません。

積極的傾聴のスキルのポイントを示すと、図表31のようになります。

このような姿勢で聴いてもらえると、話し手は気持ちよく話せます。そして、十分に話すことができるため、カタルシス効果が働いて気分がスッキリします。また、聴き手によって受け入れられ、共感してもらえたと感じることにより、気持ちも安定します。さらには、自己明確化効果も働き、自分にとって何が問題なのかが少しずつ見えてきます。

一方、聴く側も、積極的傾聴のスキルを用いることで、さまざまな情報を得ることができ、対処法についてのヒントをつかむことができます。ただし、ストレスの度合いが重症と感じる場合は、直ちに専門家に頼るようにすべきです。

個人的な対応は避ける

ストレスがかかっていると、人の言動に対して過剰な反応を示すことになりがちです。第2章で解説した敵意帰属バイアスのように、相手の何気ない言動に勝手に悪意を感じることもあります。傷つきやすい心理状態に追い込まれていると、気持ちに余裕がなく、自己防衛的な構えが強くなるため、被害者意識をもちやすいのです。

「親切のつもりで話を聴いたのに、冷たく突き放すようなことを言われた」とか、「非難された」とか、「事実無根の噂が流れているのを知ってショックを受けた」という管理職もいます。本人には嘘を言って中傷しているつもりはないのですが、非常に不安定で傷つきやすい心理状態にあると、神経過敏になり、勝手に非難されているような気になったりするのです。

ゆえに、メンタル不調者と面談する際には、1対1で話すことは極力避けて、複数で対応するのが原則です。仕事上で必要な注意をするときなども、無用なトラブルを避けるためにも、1対1の場面は避けて、複数での対応を心がけましょう。

そのようにして無用のトラブルを防ぐことは、こちらの身を守るために必須のことですが、本人の心をむやみに動揺させないためにも大切な配慮と言えます。そして、非常に不安定な心理状態にありそうに感じるときは、メンタルヘルスの専門家に任せるべきでしょう。

メンタル不調者への対応の仕方は組織として決めておく

うっかりすると「傷つけられた」とか「パワハラ」だとか言われたり、本人が過剰に傷つき落ち込んだりすることがあるため、「メンタル不調者の対応をするのは怖い」と言って、腫れ物に触れるような感じになっている上司や管理職もいます。「そんなことでは仕事にならない」と言って、毅然とした態度で対応して、問題をこじらせてしまうケースもあります。

また、今はどの職場も数値目標とか業績評価とかで余裕がなく、だれもが評価される存在としての自分を過剰に意識させられるようになってきています。そのため、悩みごとがあったりメンタルな不調を感じても、「評価に響くかもしれない」といった不安から、上司や先輩にも率直に相談しにくい人も少なくありません。そこで、安心して相談できるようなシステムを確立することも必要です。

とくにメンタルな不調にかかわる内容でなくても、うっかり深い自己開示をしてしまうと、相手から「おかしなヤツ」と思われたかもしれないなどと不安になり、後悔したり、その相手と距離を取ろうとしたりする心理が働きます。疑心暗鬼になると、仕事上の関係にも支障が生じます。

そこで大切なのは、前項で指摘したように、個人的に対応せず、複数対応することですが、そのような対応の仕方を組織としてしっかり決めておくことが必要です。公式のルールがないと、だれもが忙しいため、複数対応しようと思っても協力してもらいにくくて、つい一人で対応してしまうというようなことにもなりがちです。

ゆえに、メンタルヘルスの専門家を交えて、組織としての対応のガイドラインを作成しておくことです。

ともするとメンタル不調者への無理解な姿勢がみられることもあるので、先に必要性を指摘したストレスに関する心理教育的な情報提供を管理職にもしておくことが不可欠です。

〈A〉経済・金融

1 経済指標の読み方(上) 日本経済新聞社
2 経済指標の読み方(下) 日本経済新聞社
3 貿易の知識 小峰・村田
5 外国為替の実務 三菱UFJリサーチ&コンサルティング
6 貿易為替用語辞典 東京リサーチインターナショナル
7 外国為替の知識 国際通貨研究所
8 金融用語辞典 深尾光洋
18 リースの知識 宮内義彦
19 株価の見方 日本経済新聞社
21 株式用語辞典 日本経済新聞社
22 債券取引の知識 武内浩二
24 株式公開の知識 加藤・松野
26 EUの知識 藤井良広
32 不動産用語辞典 日本不動産研究所
35 クレジットカードの知識 水上宏明
36 環境経済入門 三橋規宏
40 損害保険の知識 玉村勝彦
42 証券投資理論入門 大村・俊野
44 証券化の知識 大橋和彦
45 入門・貿易実務 椿弘次
49 通貨を読む 滝田洋一
52 石油を読む 藤和彦
56 デイトレード入門 廣重勝彦
58 中国を知る 遊川和郎
59 株に強くなる 投資指標の読み方 日経マネー
60 信託の仕組み 井上聡
61 電子マネーがわかる 岡田仁志
62 株式先物入門 廣重勝彦
64 FX取引入門 廣重・平田
65 資源を読む 柴田明夫・丸紅経済研究所
66 PPPの知識 町田裕彦
68 アメリカを知る 実哲也
69 食料を読む 鈴木・木下
70 ETF投資入門 カン・チュンド
71 レアメタル・レアアースがわかる 西脇文男
72 再生可能エネルギーがわかる 西脇文男
73 デリバティブがわかる 可児・雪上
74 金融リスクマネジメント入門 森平爽一郎
75 クレジットの基本 水上宏明
76 世界紛争地図 日本経済新聞社
77 やさしい株式投資 日本経済新聞社
78 金融入門 日本経済新聞社
79 金利を読む 滝田洋一
80 医療・介護問題を読み解く 池上直己
81 経済を見る3つの目 伊藤元重
82 国際金融の世界 佐久間浩司
83 はじめての海外個人投資 廣重勝彦
84 はじめての投資信託 吉井崇裕
85 フィンテック 柏木亮二
86 はじめての確定拠出年金 田村正之
87 銀行激変を読み解く 廉了

〈B〉経営

11 設備投資計画の立て方 久保田政純
18 ジャスト・イン・タイム生産の実際 平野裕之
25 在庫管理の実際 平野裕之
28 リース取引の実際 森住祐治
33 人事管理入門 今野浩一郎
41 目標管理の手引 金津健治
42 OJTの実際 寺澤弘忠
53 ISO9000の知識 中條武志
61 サプライチェーン経営入門 藤野直明
63 クレーム対応の実際 中森・竹内
67 会社分割の進め方 中村・山田
70 製品開発の知識 延岡健太郎
74 コンプライアンスの知識 髙巖
76 人材マネジメント入門 守島基博
77 チームマネジメント 古川久敬
80 パート・契約・派遣・請負の人材活用 佐藤博樹
82 CSR入門 岡本享二
83 成功するビジネスプラン 伊藤良二
85 はじめてのプロジェクトマネジメント 近藤哲生

榎本　博明（えのもと・ひろあき）
心理学博士。1955年東京生まれ。東京大学教育心理学科卒。東芝市場調査課勤務の後、東京都立大学大学院心理学専攻博士課程中退。川村短期大学講師、カリフォルニア大学客員教授、大阪大学大学院助教授等を経て、現在MP人間科学研究所代表。産業能率大学兼任講師。心理学をベースにした企業研修・教育講演を行う。著書に『「上から目線」の構造』『「すみません」の国』『「やりたい仕事」病』『薄っぺらいのに自信満々な人』『仕事で使える心理学』『モチベーションの新法則』『〈ほんとうの自分〉のつくり方』『自己心理学（編著、全6巻）』など多数。

日経文庫1373
心を強くする
ストレスマネジメント

2017年４月14日　１版１刷

著　者　榎本博明
発行者　金子　豊
発行所　日本経済新聞出版社
http://www.nikkeibook.com/
東京都千代田区大手町1-3-7　郵便番号100-8066
電話（03）3270-0251（代）

装幀　next door design
組版　マーリンクレイン
印刷・製本　シナノ印刷

ISBN978-4-532-11373-5